此著作系“广西教育科学‘十二五’规划2015年度广西民族教育研究专项课题：广西民族地区基础教育改革现状及推进策略研究（项目编号：2015ZMJ017）”和“广西教育科学‘十二五’规划2015年度立项课题：广西义务教育阶段教师城乡轮岗交流的推进机制研究（项目编号：2015B087）”的阶段性研究成果。

广西中小学壮汉双语教师队伍建设研究

虎技能　著

民族出版社

序

《广西中小学壮汉双语教师队伍建设研究》是我曾经的博士生虎技能副教授即将出版的一部新作。

自《壮文方案》（草案）颁布60多年来，广西中小学壮汉双语教育经历了试点、停滞、恢复、调整和复兴等五个阶段，取得了一定的成绩，也迎来了最佳的发展机遇。可是，教师队伍建设薄弱环节成为了广西中小学壮汉双语教育持续健康发展的制约因素，在一定程度上抓好教师队伍建设就是抓住了中小学壮汉双语教育的关键点，作者虎技能博士的学术敏感之处正在于此。壮族是广西世居少数民族中的主体民族，是广西也是中国人口最多的少数民族，本书对广西中小学壮汉双语教师队伍的现状及建设路径进行了梳理和思考。因此，该研究成果具有较强的推广价值。

两年前，虎技能博士的专著《藏汉双语“一类模式”教师队伍建设研究——甘南藏族自治州民族类中学田野工作与理论阐释》付梓，本书已是她博士毕业后的第二项研究成果了。在功利的今天，浮躁和追名逐利成为学术研究的一大痼疾，坚守人文社会科学的研究显得不合时宜，在很多人面对现实选择了离开的时候，她一直没有放弃少数民族教师队伍建设的研究路线，这种坚守和担当让我想起了希腊神话中的西西弗斯。我知道虎技能内心深处是热爱少数民族教育事业的，并且她非常深刻地理解办好少数民族教育必须要有一流的教师队伍，她也了解学生对好老师的渴盼、好老师对于弱势学校及学生发展的作用。因此，她对少数民族学校教师队伍建设的研究是一种情怀使然，本书就是这样一种情怀的物化。

新作出版之际，虎技能邀我作序，我欣然应允。在我为虎技能博士出版的第一部大作《藏汉双语“一类模式”教师队伍建设研究——甘南藏族自治州民族类中学田野工作与理论阐释》一书撰写的序言中，我曾经说过：“教育研究之路永无止境，对成功的追求只能是阶段性的或者说是相对的，不可能一蹴而就，无论从哪个理论视角来观照和践行，这项研究都仅仅是一次行动的试验，存在的缺陷和不足也将成为后续学人的起点。”未曾预料的是，前一次的行动试验，成为了她新研究的起点，正所谓“众里寻他千百度，蓦然回首，那人却在，灯火阑珊处”。这也许就是一种进步。我们有理由期待她沿着这个路径的进一步探讨和深入研究。

是为序。

滕　星

2018 年 4 月于中央民族大学独树斋

目　录

第一章　广西壮族自治区推行壮文工作概述

第一节　广西概述

一、自然状况

（一）地理定位

广西壮族自治区（以下简称“广西”）位于东经104°28′—112°04′，北纬20°54′—26°24′之间，北回归线横贯中部。东连广东省，南临北部湾并与海南省隔海相望，西与云南省毗邻，东北接湖南省，西北靠贵州省，西南与越南社会主义共和国接壤。境内地势西北高、东南低，呈西北向东南倾斜状。山岭连绵、山体庞大、岭谷相间，四周多被山地、高原环绕，中部和南部多丘陵平地，总体是山地丘陵性盆地地貌，呈盆地状，有“广西盆地”之称。盆地大小相杂，山系多呈弧形，层层相套，丘陵错综，喀斯特地貌广布且其发育类型之多为世界少见。行政区域土地面积23.76万平方千米，管辖北部湾海域面积约4万平方千米。①

① 广西壮族自治区人民政府门户网站：《广西人文》，http：//www.gxzf.gov.cn/zjgx/gxrw/zrdl/201603/t20160331_486081.htm，2016-03-31。

（二）气候条件

广西地处低纬度，北回归线横贯中部，南临热带海洋，北接南岭山地，西延云贵高原，属亚热带季风气候区。境内气候温暖，光照充足，热量丰富，年平均气温在16.5℃—23.1℃之间，等温线基本上呈纬向分布，气温由北向南递增，由河谷平原向丘陵山区递减。雨水丰沛，干湿分明，冬少夏多，年降水量均在1070毫米以上，大部分地区为1500—2000毫米，是中国降水量最丰富的地区之一。

（三）自然资源

广西境内有丰富的土地、矿产、水力、海洋、动植物、旅游等资源，其中土地总面积在各省、自治区、直辖市中居第9位，动植物资源数量居第3位，矿产资源种类多、储量大，尤以铝、锡等有色金属为最，是全国10个重点有色金属产区之一；河流众多，水力、水能资源丰富，被誉为中国水电资源的富矿；天然港湾众多，是世界海洋生物物种资源的宝库；山川秀丽，风光旖旎，旅游资源得天独厚。①

二、社会状况

（一）历史沿革

据考古发现，今广西地域早在80万年前就有原始人类繁衍生息。距今10万—2万年，在今桂西、桂南、桂北山区活动着的古人类进入以血缘为纽带的母系社会初期。

---

① 广西壮族自治区人民政府门户网站：《广西人文》，http：//www.gxzf.gov.cn/zjgx/gxrw/zrdl/201603/t20160331_486081.htm，2016-03-31。

秦始皇统一岭南后，今广西地域纳入中央王朝版图，分属桂林郡和象郡。唐初，今广西大部地域归属岭南道的桂、容、邕三管节制。宋初，今广西大部地域属广南路。至道三年（997年），析广南路为广南东路和广南西路，今广西大部属广南西路，广西之名源于此。元朝，广西属湖广行中书省。至正二十三年（1363年），置广西行省。

1919年五四运动爆发后，中国共产党广西地方组织首先在梧州建立。1929—1930年，邓小平等在百色、龙州发动武装起义，创建红七军、红八军和左、右江革命根据地。1949年11月7日，人民解放军发起解放广西战役，在中共广西地方组织的配合下，于1949年12月11日解放广西。中华人民共和国成立初期设广西省。1958年3月15日，省一级的广西壮族自治区成立。①

（二）民族构成

广西是以壮族为主体民族实行民族区域自治的多民族聚居的自治区，世居民族有壮族、汉族、瑶族、苗族、侗族、仫佬族、毛南族、回族、京族、彝族、水族、仡佬族等12个民族。另有满族、蒙古族、朝鲜族、白族、藏族、黎族、土家族等44个其他民族成分。②

三、语言使用

（一）语言构成

世居广西的12个民族除回族使用汉语外，其他民族均有自己

---

① 广西壮族自治区人民政府门户网站：《广西人文》，http：//www.gxzf.gov.cn/zjgx/gxrw/zrdl/201603/t20160331_486081.htm，2016-03-31。

② 广西壮族自治区人民政府：《广西年鉴》，49页，南宁，广西年鉴社，2016。

的语言，分别是汉语、壮语、瑶语、苗语、侗语、仫佬语、毛南语、京语、彝语、水语、仡佬语。其中，汉语、壮语、瑶语、苗语、彝语还有各自的方言土语。汉语属于汉藏语系汉语族，有粤语、西南官话、平话、客家话、湘语、闽语等6种方言，其中西南官话在桂西北少数民族地区广泛使用。壮语属于汉藏语系壮侗语族壮泰语支，苗语属于汉藏语系苗瑶语族苗语支，侗语、仫佬语、毛南语、水语属于汉藏语系壮侗语族侗水语支，彝语属于汉藏语系藏缅语族彝语支，京语、仡佬语语属尚未有定论。由于民族杂居和文化融合，各语言使用区域参差交错，语言之间出现相互渗透和影响的现象。①

（二）语言分布

1998年，广西壮族自治区语言文字工作委员会组织的全区语言文字使用情况调查结果显示，广西各语言中以普通话分布最广，全区90个县市均有分布；汉语方言中，西南桂柳话有71个县市分布，粤语各次方言中，粤语勾漏在31个县市有分布，粤语邕浔在25个县市有分布，粤语钦廉有14个县市分布。平话分为桂北、桂南两种，桂北平话在22个县市分布，桂南平话有17个县市分布。客家话共有43个县市分布，其他汉语方言则基本是零星的分散分布。民族语言中以壮语分布最广，有71个县市分布。②

（三）双语发展

1998年，广西壮族自治区语言文字工作委员会组织实施的全区语言文字使用情况调查的结果显示，广西双语人口、多语人口已

① 广西壮族自治区人民政府：《广西年鉴》，37页，南宁，广西年鉴社，2015。

② 陈海伦：《广西语言文字使用情况调查报告》，见广西壮族自治区语言文字工作委员会：《广西语言文字使用问题调查与研究》，16～18页，南宁，广西教育出版社，2005。

经占到约80%，基本上属于双语、多语社区。从双语者的语言构成情况看，当前广西的双语可以大致分为以下基本类型：汉语方言—普通话类型、少数民族语—汉语方言类型、少数民族语—普通话类型、汉语方言—汉语方言类型、少数民族语—少数民族语类型、汉语普通话—外国语类型、少数民族语—外国语类型等，这些类型所占比例依次分别为 57.05%、52.31%、26.62%、16.25%、6.54%、0.10%、0.01%。①

长期以来，广西壮族自治区的双语发展不平衡，主要表现在：一是民族聚居区与民族杂居区双语发展不平衡。在民族聚居区内，民族语言仍是居民日常生活主要的交际工具，第二语言的学习使用不如杂居区广泛、频繁，双语发展相对较慢。二是经济发达地区和经济落后地区双语发展不平衡。地处或者靠近经济发达地区的地方双语发展相对较快，而地处或者靠近经济落后地区的双语发展相对较慢。三是不同语用人口数的语言使用者中双语发展不平衡。一般语用人口数较少的民族双语发展较快，语用人口数较多的民族双语发展较慢。四是城乡双语发展不平衡。城镇居民双语者比例高于乡镇以下的居民。五是双语发展在年龄分布上不平衡。双语化程度的高低与年龄大小成反比，55 岁以上的少数民族老人，双语者所占比例最低，45 岁以下人群的双语化程度较高，其中以 25 岁以下年轻人的双语化程度最高。青少年语言接受能力最强，加上中小学教学语言基本上使用普通话，又容易受各种媒体的影响，最容易成为双语人。②

---

① 陈海伦、王里平：《广西的双语社会问题》，见广西壮族自治区语言文字工作委员会：《广西语言文字使用问题调查与研究》，25 页，南宁，广西教育出版社，2005。

② 陈海伦、王里平：《广西的双语社会问题》，见广西壮族自治区语言文字工作委员会：《广西语言文字使用问题调查与研究》，26 ~ 28 页，南宁，广西教育出版社，2005。

（四）语言选用

在不同的环境、场合、对象情况下，语言的选用会受到多种因素的共同影响而表现出某种倾向性。调查显示，广西少数民族在外交流比在家中更倾向于选择汉语方言和普通话而少用母语，在家交流更倾向于选用母语而少用汉语方言和普通话。少数民族在家中对父母使用母语倾向最强，对爱人次之，对子女最弱，而使用汉语方言和普通话的倾向则反之。在外交流时，市场上最倾向用汉语方言，其次是民族语言，普通话较少用。在医院、政府，汉语方言用得更多，用普通话的倾向有所提高，用民族语言的倾向则有所减弱。同是和父母交流，乡下的少数民族比城市少数民族更倾向于使用母语。①

四、双语教育

民国时期，广西少数民族地区乡镇国民基础教育学校和村街国民基础教育学校的学生多不懂汉语，教师一般用双语或多语教学，讲解课文除用桂、柳官话外，还用学生本民族语言。

新中国成立后，从 1950 年起，民族地区的小学教师读课文时一般都用汉语拼音读，讲解难字、生词兼用民族语言。在一、二年级全用民族语言逐字逐句解释课文，三年级以后按年级讲解课文的汉语比重逐渐增加，高年级除新词生字难句仍用本民族语言讲解外，大多都用汉语教学。民族杂居地区的小学，运用各种民族语言交互讲解，按年级逐渐增加汉语比重。双语教育逐渐形成了三种做法：一是低年级全用民族语言讲解，中、高年级逐步采用民族语言

---

① 陈海伦、王里平：《广西多语者语言选用倾向分析》，见广西壮族自治区语言文字工作委员会：《广西语言文字使用问题调查与研究》，39～48 页，南宁，广西教育出版社，2005。

段解，重点讲解生字新词和难句；二是根据不同年级不同教材穿插不同比重的汉语及民族语，即在低年级用民族语言逐字逐句讲解，用汉语做简单总结，以后按年级汉语比重逐渐增加，高年级除新词生字难句仍用本民族语讲解外，大部分都运用汉语教学；三是杂居地区几个民族小学生各种民族语言交互运用讲解，按年级逐渐增加汉语比重，高年级全部运用汉语教学。①

第二节 壮族及其语言文化

一、壮族概述

壮族是广西也是中国人口最多的少数民族。截至 2015 年年底，广西有户籍人口 5518 万人、常住人口 4796 万人，常住人口总量占全国 3.5%。在常住人口中，有少数民族人口 1781.23 万人，占广西常住人口总数的 37.14%。其中，壮族人口 1508.82 万人，占自治区常住人口总数的 31.46%。②

（一）壮族族源

壮族是中国岭南一个有着悠久历史的土著民族。壮族的来源，其主体是由秦汉时期世居岭南的西瓯和骆越人发展、分化演变而来，是古西瓯、骆越的后裔和主要分支。据研究，壮族是由春秋战国时期世居岭南的百越支系——西瓯、骆越及其后裔乌浒、俚人发展而来，

① 广西壮族自治区地方志编纂委员会：《广西通志·教育志》，645 页，南宁，广西人民出版社，1995。

② 广西壮族自治区人民政府：《广西年鉴》，48～49 页，南宁，广西年鉴社，2016。

而后又逐步吸收融合了其他一些民族而成的。战国至秦汉时期，生活在今广西壮族分布地区的土著居民，史籍中称为西瓯、骆越或称瓯骆。

壮族与中国乃至世界上许多民族一样，在形成和发展过程中经过不断的分化和重新组合，逐步融合其他一些民族的成分，其间也有一部分被其他民族同化和融合。如战国时期吴越国被楚国灭并后，一部分居民外迁，驾船沿海进入岭南；秦汉以至明清时期先后有中原汉族依据广西。这些外来居民有的逐渐融合到壮族先民的族群之中，而后发展成为壮族。也有一部分壮族人（特别是广西东部和东南部的壮族）因长期与汉族人杂居，受到汉文化日益深刻的影响而汉化。[①]

（二）族群称谓

壮族人口众多，称谓有多种。历史上诸文献称先秦至隋唐壮族先民为西瓯、骆越、欧骆、乌浒、俚、僚、蛮等。宋代以后，始有僮之称谓，或写作“撞”，元至明清时期，“僮”的称谓范围日趋扩大。因壮族分布较广，各地方言不同，支系众多，故不同地区、不同支系的壮族又有20多个不同的自称，如布依、布沙、布央、布依、布土、布越、布雅依、布色、布傣、布曼、布蛮、布壮、布陇、布班、布僚、布门、布熊、布仲、布蕊、布隆安等。“布”在壮语中是“人”的意思，“布壮”即壮人，“布土”即土人。一般带有“布”自称的都是指在不同地区生活的原住居民中讲壮语的壮族人。

新中国成立后，经过民族识别，并按照本民族意愿，把居住在广西以及云南、贵州、湖南、广东等地操壮侗语族壮傣语支的其中一支人们共同体统一称为“僮族”。由于“僮”字有多种读音和意义，容易混淆引起误解，1965年，根据国务院总理周恩来的提议，经全国人大常委会审议通过，将“僮”改为“壮”，即将“僮族”

① 广西壮族自治区地方志编纂委员会：《广西通志·民族志》，26~27页，南宁，广西人民出版社，2009。

改为“壮族”。[①]

（三）分布格局

壮族聚居的范围东起广东连山壮族瑶族自治县，西至云南文山壮族苗族自治州，北达贵州黔东南苗族侗族自治州从江县，南抵北部湾。广西壮族自治区是壮族的主要分布区，占壮族总人口的87.81%。

历史上，在广西及广东西部的广大山区河谷、盆地和山间平地，都有壮族及其先民居住。自秦汉时期以后特别是明清时代，先后有大批的中原汉族移民入居壮族聚居的广西地区，并由广西东部及东南部逐步向广西中部乃至西南部扩展。由于中央封建王朝实行民族压迫、歧视政策，移居广西的汉族凭借统治者的势力，占据交通便利、土地肥沃、水源丰富的平原土地，壮族居民被迫放弃故土，迁移到山麓边缘或山谷平地一带开垦土地，如今在广西东部的边远山区，仍有壮族居住。有的则由桂东南逐步向桂中和桂西一带迁移，使柳州、河池、南宁、百色等地区成为壮族集中居住的地区。明清以来，桂东和桂南地区的壮族，除居住在偏僻山区的部分原住民仍世代承传外，居住在交通便利的平峒地区的原住民或逐步融合成汉族，或逐步向桂中的柳江、红水河流域以及桂西的左右江流域迁移，形成大聚居、小分散的分布格局。目前，在广西南宁、柳州、桂林、河池、百色、玉林、梧州、钦州等地区的88个县市中，均有壮族居住。其中，南宁、柳州、百色、河池等4个地区人口最多，分布也最为集中，地理上连成一片。[②]

---

① 广西壮族自治区地方志编纂委员会：《广西通志·民族志》，28~29页，南宁，广西人民出版社，2009。

② 广西壮族自治区地方志编纂委员会：《广西通志·民族志》，30页，南宁，广西人民出版社，2009。

（四）学校教育

壮族的学校教育是在汉族文化影响下发展起来的。秦始皇统一岭南后，推行郡县制，汉文字及汉族语言以及中原文化逐步在岭南地区传播。秦汉时期开始出现的私学对岭南地区文化的发展有很大贡献。魏晋南北朝时期，中原战乱，许多文人学士避居岭南，开坛讲学，传播汉文化，为壮族地区培养了一批文人。唐朝官学盛行，并在岭南推行科举制度，当地很多文人中举而踏上仕途，同时还在广西采取“南选”措施，选拔地方人才。宋代重视兴学宣道，教育人民，不仅在壮汉杂居的桂北、桂东地区设立学校，而且在壮族聚居的地区也开办州学或县学。明代，从中央王朝到地方州县都比较重视发展教育，并把兴教办学列在检查地方官员工作之首位，府学、州学、县学趋于制度化，壮族子弟入学读书逐年增多，汉文化日益普及，不少人学成中举，踏入仕途。清代末年，壮族地区兴起新学热潮，各类学堂蓬勃发展起来。民国时期，中小学校均有所增加，但是到了 20 世纪 40 年代末，壮族地区的文盲率仍高达 80% 以上。新中国成立以后，党和政府十分重视壮族地区的教育事业，积极发展基础教育，大力发展中等职业技术教育和中等师范教育。在高等教育方面，对壮族和其他少数民族采取特殊政策，适当降低分数录取，实行定向招生，壮族在校学生逐年增加。①

二、壮族语言

一直以来，壮族语言以壮语为主。壮语来源于古越语，属汉藏语系壮侗语族壮傣语支，与汉、藏等民族语言关系较远，只是属于同一语系；与侗、傣、水、布依、仫佬、泰、仡佬、老挝及拉珈语

① 广西壮族自治区地方志编纂委员会：《广西通志·民族志》，64～66 页，南宁，广西人民出版社，2009。

有较近的关系，同属一个语族。

壮语主要分布在广西壮族自治区，又集中在南宁、柳州、百色、河池4个地区的各县市，约覆盖广西面积的60%。此外，云南文山壮族苗族自治州、广东连山壮族瑶族自治县也有较大面积的壮语分布。丰富的单音词是壮语的重要特点之一，壮语单音词没有形态和词尾的变化，而作为负荷意义单位的音节又特别发达，因而能够较好地表达意思，很少有意义上的混淆。①

随着《壮文方案》（草案）颁布，壮语分为壮语方言和标准壮语。

（一）壮语方言

壮语方言，老百姓日常用语中称之为“壮话”。壮语分为南部和北部两大方言。大致以邕江为界，并向西北伸展连接右江，江的南面属南部方言区，江的北部地区属于北部方言区。大方言区又分为若干土语区，其中南部方言分为邕南土语、左江土语、德靖土语、砚广土语（云南境内）、文麻土语（云南境内）等5个土语区，北部方言分为桂北土语、柳江土语、红水河土语、邕北土语、右江土语、桂边土语、邱北土语（云南境内）、连山土语（广东境内）等8个土语区。②

在广西境内，南部方言区有邕南、左江、德靖等3个土语区，北部方言有桂北、柳江、红水河、邕北、右江、桂边等6个土语区，南北两大方言之间基本可以通话。使用壮语北部方言的人口约占全自治区壮族人口的2/3。

---

① 李富强：《人类学视野中的壮族传统文化》，275页，南宁，广西人民出版社，1999。

② 广西壮族自治区地方志编纂委员会：《广西通志·少数民族语言志》，17页，南宁，广西人民出版社，2000。

（二）标准壮语

标准壮语是根据1955年制定出的《壮文方案》（草案），以壮语北部方言为基础方言，以壮语北部方言中的武鸣县城厢和双桥一带壮话语音为标准音点。广西中小学的壮汉双语教育就是以标准壮语为课堂教学语言。

（三）语言选用

壮族人民的语言使用形成了如下几种局面：处于非常闭塞环境中的壮族、壮族老人只懂得用壮语进行交流，较靠近城市、城镇的壮族及年轻一代壮族同时使用壮语和汉语进行交流，城市、城镇的一部分壮族只懂得用汉语进行交流。还有一部分地区（如邕宁县、上林县等）用“壮汉语”（即壮音读汉字）进行交流。①

三、文字发展

据学者考证，壮族的文字使用先后经历了刻画文字、方块壮字、拼音壮文三种文字。

（一）刻画文字

从壮族先民西瓯（骆越）的居住地岭南发现的大量考古材料中发现，壮族的原始文字——刻画文字，自商周至战国时期由萌芽而逐渐成长。刻画文字构造简单，多为单个出现，具有一定的统一性和规范性，因此，学者将其称之为“壮族文字的幼芽”。由于刻画文字自身发育很不成熟，且其应用范围主要局限于民间，因此，自战国以后就逐渐枯萎了，尤其是随着秦始皇统一岭南，先进的汉字

---

① 李富强：《人类学视野中的壮族传统文化》，300～301页，南宁，广西人民出版社，1999。

传入岭南，在结构合理、流通范围广泛的高水平汉字的冲击下，刻画文字这种原始的文字逐渐衰落以至被淘汰。①

（二）方块壮字

秦始皇统一岭南以后，汉字对壮族人民的影响日益扩大、加深。起初，壮族人民对汉字的应用是照搬汉字记壮音，作为壮族原始文字的替代。后来，随着中原文化的推广、壮族先民对汉字结构和造字原理的深刻了解以及民族交融等因素的影响，到了唐代，壮族人民利用汉字六书的构字方法和汉字的音形义加以组合，创造出方块壮字，又称土俗字，用以记载民间神话、故事、传说、歌谣、谚语、家谱、经书、碑刻等，也用作记账和标写契约中的人名、地名，道士用它来写经画符，所以方块壮字在壮语中有的地方叫“写壮歌的字”、“道士用的字”、“生僻字”等。② 据文献记载，在宋代，方块壮字在壮族民间已经相当盛行。自宋以后，方块壮字一直存在于壮族民间，至今仍有一些老歌手、老道公用方块壮字进行创作和记录。方块壮字在民间获得了广泛使用并流传近千年，有着广泛的壮族传统文化内涵，是壮族独创的古文字，但是由于方块壮字的构字方法局限性较大，各地创造的壮字差异性很大，即使同一地区的方块壮字也有不少异体字，因而方块壮字始终未能进入正规教育和行政公务领域，未成为全民族使用的统一文字。③

---

① 李富强：《人类学视野中的壮族传统文化》，309～313 页，南宁，广西人民出版社，1999。

② 广西壮族自治区地方志编纂委员会：《广西通志·少数民族语言志》，112 页，南宁，广西人民出版社，2000。

③ 李富强：《人类学视野中的壮族传统文化》，313～315 页，南宁，广西人民出版社，1999。

（三）拼音壮文

新中国成立后，国家高度重视少数民族地区的文化建设事业。1951 年政务院在《中央人民政府政务院关于民族事务的几项规定》中规定："在政务院文化教育委员会内设民族语言文字研究指导委员会，指导和组织关于少数民族语言文字的研究工作，帮助尚无文字的民族创造文字，帮助文字不完备的民族逐步充实其文字。"1952 年和 1954 年，北京大学的语言专家、中国科学院派出语言研究所的专家先后到广西，配合广西的语言工作者组成语言调查组，对壮语方言进行了全面的调查。专家们在广西获取了 54 个调查点和 10 个副点的方言材料，并对其进行科学研究后，根据壮族人民的意愿，于 1955 年制定出以拉丁字母为拼写符号的《壮文方案》（草案）。1955 年 12 月 11 日，广西省人民委员会在《广西日报》上公布了桂西壮族自治区人民委员会上报的《壮文方案》（草案），征求各阶层的意见。中国科学院民族语言研究所第一工作队的工作人员和桂西壮族文字研究指导委员会的人员，根据《壮文方案》（草案）编写了不少有关壮语的参考书和壮文试验教学的教材，在壮族聚居区选四个地区设点进行壮文试验教学活动，并在试验教学中搜集各地各阶层对《壮文方案》（草案）的意见，然后对方案草案又做了局部修改，并于 1956 年 4 月 11 日由桂西壮族自治区人民委员会向广西省人民委员会报送。4 月 17 日，广西省人民委员会常委扩大会议同意以广西省人民委员会的名义，把《壮文方案》（草案）上报国务院审批。

1957 年 10 月，中国文字改革委员会受国务院委托，先后两次邀请在北京的语言学家王力、吕叔湘、徐世荣、马学良和在广西从事壮语调查研究的专家以及社会科学界的胡乔木等人，讨论《壮文方案》（草案）。1957 年 11 月 29 日，周恩来总理主持的第 63 次国务院全体会议上，审议并批准了《壮文方案》（草案），并做出了在壮族地区逐步推行《壮文方案》（草案）的决议。至此，壮族有了统一的合法文字。① 1959 年开始，在人民币上加印壮文。②

1980 年，根据各界对《壮文方案》（草案）中的字母形式、声调符号不便于书写、打印和排版，字形难以协调等意见，广西邀请王均、梁敏等语言学家指导《壮文方案》（草案）修订工作，经过修订，壮文字母全部实现拉丁字母化。1981 年 8 月 22 日，广西壮族自治区民族事务委员会和广西壮族自治区少数民族语言文字工作委员会联名向中华人民共和国民族事务委员会上报《壮文方案》（修订案），并于 1982 年 2 月 2 日获准。此后在壮族地区推行的就是《壮文方案》（修订案）。1987 年 3 月，第六届全国人大第五次会议开始用壮文作为少数民族语文翻译文种之一。③ 如今，广西一些重大活动、重要会议横幅标语均使用壮汉两种文字书写。

拼音壮文采取拉丁字母的字母形式，以壮语北部方言为基础，以壮语武鸣音为标准音。壮文有 26 个字母，由 22 个声母、108 个韵母、8 个声调组成，其音节拼写的次序是：声母—韵母—声调，有的音节缺声母，有的音节不标声调，但韵母却不可少。④

1. 壮文字母

壮文共有 26 个字母，字母的名称和读音如下：

---

① 广西壮族自治区地方志编纂委员会：《广西通志·少数民族语言志》，114～115 页，南宁，广西人民出版社，2000。

② 广西壮族自治区地方志编纂委员会：《广西通志·民族志》，952 页，南宁，广西人民出版社，2009。

③ 广西壮族自治区地方志编纂委员会：《广西通志·民族志》，955 页，南宁，广西人民出版社，2009。

④ 引自国家民族事务委员会对《关于壮文方案修改意见的报告》的批示。

表 1－1　壮文字母表

印刷体	大写	A	B	C	D	E	F	G	H	I	J	K	L	M
	小写	a	b	c	d	e	f	g	h	i	j	k	l	m
字母名称	壮语拼读	a	ba	ca	da	e	fe	ga	ha	i		ke	le	ma
	汉文注音	啊	巴	虾	大	欸	飞	嘎	哈	衣		克	勒	妈
字母读音	国际音标	a	p	ç	t	e	f	k	h	i		kh	l	ma
	汉语拼音	a	b	x	d	e	f	g	h	i		k	l	m
印刷体	大写	N	O	P	Q	R	S	T	U	V	W	X	Y	Z
	n	o	p	q	r	s	t	u	v	w	x	y	z	
字母名称	壮文拼读	na	o	pe		ra	se	te	u	ve	w		ya	
	汉文注音	那	哦	呸		(拉)	塞	特	乌	威	(鹅)		呀	
字母读音	国际音标	n	ɔ	ph		ɣ	s	th	u	v	ɯ		j	
	汉语拼音	n	o	p			s	t	u	v		y		

（注：上表中 a、e、i、o、u、w6 个字母是元音字母，b、c、d、f、g、h、k、l、m、n、p、r、s、t、v、y16 个字母是辅音字母。j、q、x、z 作声调符号，h 既作辅音，又作声调符号；凡作声调符号的字母在音节中不发音，只表示音节读音的高低；字母表里放在括号内的汉字注音只能表示近似读音。）

2. 壮文声母

壮文有 22 个声母。声母的读法在后面加元音 a 或 e，以便分辨。可以把声母编成四组来读：

表 1－2　壮文声母表

b（a）	mb（e）	m（a）	f（e）	v（e）		
d（a）	nd（e）	n（a）	s（e）	l（e）		
g（a）	gv（e）	ng（a）	h（a）	r（a）		
c（a）	y（a）	ny（a）	ngv（e）	by（a）	gy（a）	my（a）

3. 壮文韵母

壮文有 108 个韵母。由 6 个元音字母［a（短 a 用 ae 表示）、o（短 o 用 oe 表示）、e、i、u、w］或元音字母加韵尾构成。可以做韵尾的元音或辅音是：i、u、w、m、n、ng、p、t、k、b、d、g。壮文韵母的拼法如下：

表 1－3　壮文韵母表

舒声韵	单韵母	无韵尾	a （ae） e i o （oe） u w
	复合韵母	加 i 尾	ai ae ei oi ui wi
		加 u 尾	au aeu eu iu ou
		加 v 尾	aw
	鼻音尾韵母	加 m 尾	am aem em iem im om oem uem um
		加 n 尾	an aen en ien in on oen uen un wen wn
		加 ng 尾	ang aeng eng ieng ing ong oeng ueng ung wng
塞声韵	高音组	加 p 尾	ap aep ep iep ip op oep uep up
		加 t 尾	at aet et iet it ot oet uet ut wet wt
		加 k 尾	ak aek ek iek ik ok oek uek uk wk
	低音组	加 b 尾	ab aeb eb ieb ib ob oeb ueb ub
		加 d 尾	ad aed ed ied id od oed ued ud wed wd
		加 g 尾	ag aeg eg ieg ig og oeg ueg ug wg

4. 壮文声调

壮文采取部分标调的办法标写声调。所有标调的字一律只标本调，不标变调。壮语舒声韵有 6 个调类，除第一调不标外，其余各调分别用 z、j、x、q、h5 个字母来标写；塞声韵有 2 个调类，用高音组 p、t、k 和低音组 b、d、g 两套韵尾来表示。

四、文化艺术

广西壮族的文化艺术种类繁多，主要包括民间文学、民间音乐、民间舞蹈、壮族戏剧、工艺美术、民间体育等。[①]

（一）民间文学

广西壮族的民间文学包括神话、民间传说、故事等。神话有创世神话、英雄神话、解释性神话、探索性神话、迁徙神话；民间传说包括英雄传说、山川传说、风物传说、人物传说等；故事包括幻想故事、生活故事、动物故事、机智人物故事、文人故事、战斗故事、革命斗争故事、童话等。

（二）民间音乐

民间音乐包括民间歌曲、曲艺、民间器乐曲等。壮族民间歌曲包括山歌、小调、叙事长歌和风俗歌等，流行最广的是山歌；曲艺的主要形式有末伦、卜牙、唱天等；民间器乐曲有马骨胡、厚胡、葫芦胡、清胡、瓦琴等拉奏乐，木叶、双笛等吹奏乐，石磬、铜鼓、青竹鼓等打击乐。

（三）民间舞蹈

民间舞蹈有捞虾舞、板鞋舞、扁担舞、绣球舞、铜鼓舞、陶鼓舞、斑鸠舞、干鸽舞、金鸡舞、壮采茶、舞火猫、蚂蜗舞、神坛舞、灵娘舞、师公舞、春牛舞等等。

（四）壮族戏剧

广西壮族戏剧是在民间歌舞和说唱技艺的基础上形成的，根据表演时用的方言、音乐唱腔及表演风格、伴奏乐器等的差异，分为北路壮剧、南路壮剧、师公戏、木偶戏。

---

① 广西壮族自治区地方志编纂委员会：《广西通志·民族志》，60～144页，南宁，广西人民出版社，2009。

（五）工艺美术

壮族工艺美术历史悠久、内涵丰富、风格独特、种类繁多，传统的工艺美术包括陶瓷、青铜、玉石、滑石、织绣、木雕、石刻、银饰、剪纸、布贴、绘画、竹编。制作加工工艺包括烘焙烧、冶铸、雕塑、凿刻、织绣、剪贴、绘画、锤扭、编织等。

（六）民间体育

壮族传统体育项目有 60 多种，主要有武术、棋类、打扁担、抛绣球、舞狮等。其中武术包括壮拳、八宝拳、烟筒花。棋类包括“王”形棋、太阳棋、炮射棋、虎棋、三棋等。此外，壮族民间还有舞龙、背篓球、踩风车、踩高跷、打榔、赛龙舟、抢花炮、打陀螺、打尺子等丰富多样的体育活动。

第三节　广西推行壮文工作概述

文献资料显示，广西壮族自治区推行壮文是在“起、落、起、落、起”的“三起两落”中蹒跚前行的：“一起”：1957 年 11 月《壮文方案》（草案）颁布以后，全区上下学习壮文的人数创历史新高。“一落”：到了 1960 年，国家在遭遇三年自然灾害时实行调整政策，广西壮族自治区民族语言文字工作委员会（简称“自治区民语委”，下同）办公室被撤销，地、县语委等大部分机构被精简，人员下放或调离。“二起”：直到 1963 年 3 月，广西壮族自治区党委批准恢复区民语委建制，区民语委和部分地、县壮文推行委员会及推行办公室陆续恢复了办公，随着国民经济的好转，有计划有步骤地继续进行壮文扫盲。“二落”：1966 年 5 月，“文化大革命”开始，壮文工作受到摧残。至1970年年底，全区壮文机构停办，壮文队伍全部解散。“三起”：1980年6月，广西壮族自治区党委发出《关于恢复自治区少数民族语言文字工作委员会的通知》，《通知》决定设立推行壮文试点工作组，壮文扫盲、壮文进校等工作随之陆续恢复。①

60多年来，在政策、法律、经费等的保障下，通过壮文扫盲、壮汉双语教育等各种途径，广西壮族自治区推行壮文取得了一定的成就。

一、广西推行壮文的基本保障

各级政府机关以及与壮文推行有关的各个机构、各级团体，为推行壮文提供了法律、政策、经费、组织、资料、人力等一系列保障。

（一）法律保障

《中华人民共和国宪法》、《中华人民共和国民族区域自治法》等赋予了壮族人民使用和发展壮文的权利，为广西推行壮文提供了法律保障。如《中华人民共和国宪法》第四条第四款规定：“各民族都有使用和发展自己的语言文字的自由。”《中华人民共和国民族区域自治法》第十条规定：“民族自治地方的自治机关保障本地方各民族都有使用和发展自己的语言文字的自由。”《国务院实施〈中华人民共和国民族区域自治法〉若干规定》第二十二条指出：“国家保障各民族使用和发展本民族语言文字的自由，扶持少数民族语言文字的规范化、标准化和信息处理工作”，“国家鼓励民族自治地方逐步推行少数民族语文和汉语文授课的‘双语教学’，扶持

① 广西壮族自治区地方志编纂委员会：《广西通志·民族志》，951～952页，南宁，广西人民出版社，2009。

少数民族语文和汉语文教材的研究、编译和出版，支持建立和健全少数民族教材的编译和审查机构，帮助培养通晓少数民族语文和汉语文的教师”。

（二）政策保障

国务院、国家民委颁布的关于少数民族语言文字工作的通知为广西推行壮文工作提供了政策保障。如《国务院批转国家民委〈关于进一步做好少数民族语言文字工作的报告〉的通知》（国发［1991］32号）指出：“新时期民族语文的主要任务是：贯彻党和国家民族语文政策，加强民族语文的规范化、标准化和信息处理，促进民族语文的翻译、出版、教育、新闻、广播、影视、古籍整理事业。”国家民委《关于做好少数民族语言文字管理工作的意见》（民委发［2010］53号）第九条规定：“依法保障少数民族语言文字在相关领域的应用（加强少数民族语言广播影视节目的制作、译制和播出能力），加强少数民族语言文字翻译出版工作，加强少数民族语言文字科研工作。”2009年，国务院颁发《关于进一步促进广西经济社会发展的若干意见》第三十四条提出：“加强壮语广播影视节目译制制作，扩大播出覆盖面。”

广西壮族自治区人民政府围绕壮文推行工作多次颁布相关通知。如《广西壮族自治区人民政府关于公布和推行〈壮文方案〉（修订案）的通知》（桂政发［1982］57号）指出：“自治区少数民族语言文字工作委员会、自治区教育局和壮族聚居地区的地区行署、县人民政府，要积极地、有步骤地组织壮族人民群众学习壮文，并相应做好壮文书刊的出版工作。”广西壮族自治区人民政府发出《关于加强民族语言文字工作的通知》（桂政发［1992］81号）指出，“继续宣传和落实党和国家民族语文政策，加强我区壮文工作的法制建设，搞好壮语文的规范化、标准化，促进壮语文的翻译、出版、教育、新闻、广播、影视事业，推进我区壮语文的学术研究和交流，抓好壮文进校、用壮文在农村进行扫盲以及机关工作人员的壮文培训工作”，“从实际出发，因地制宜，分类指导，要给壮文推行创造一个好的环境”。

（三）提供壮文推行的费用

早在20世纪50年代中期，国家对壮文推行工作给予了很大的经费支持，在当时国家经济比较困难的情况下，每年专项拨款壮文推行费用500万元。[①] 据统计，1980—1985年，自治区民语委下拨壮文工作经费1699万元，其中中央拨款800万元。[②] 2007年，中宣部联合国家民委、财政部等颁发《关于进一步加大对少数民族文字出版事业扶持力度的通知》（中宣发［2007］14号）指出：“国家设立民族文字出版专项资金，通过中央财政对少数民族地区的专项转移支付，加大对少数民族文字出版工作的扶持力度，重点补贴少数民族文字的出版物的编辑出版、少数民族文字编译人才的培养。继续实行补贴少数民族文字中小学教材出版发行的政策。”

广西本级财政也为壮文推行工作提供经费保障，每年拨付专项经费约500万元，用于开展民族语文业务。[③] 1989年，自治区壮文指导委员会开了两次会议，讨论壮文工作中遇到的重大问题。自治区人民政府以桂政发［1989］106号文件印发了会议纪要，主要内容有：肯定了恢复壮文以来取得的成绩和壮文小学的经验，以及继续在壮族地区推行使用壮文的方针；明确自1990年起由教育行政

---

① 广西壮族自治区地方志编纂委员会：《广西通志·民族志》，952页，南宁，广西人民出版社，2009。

② 广西壮族自治区地方志编纂委员会：《广西通志·教育志》，651页，南宁，广西人民出版社，1995。

③ 摘自调研资料。

部门负责壮文进学校的管理工作；将壮文经费列入财政年度计划，并列入各地、市、县财政包干基数；规定可以用壮文答卷参加招工、招干考试。[①]

（四）加强壮文推行的管理

广西壮族自治区党委、人民政府及各级政府机关，还有壮文推行管理机构等在壮文推行过程中提供了组织保障。

20 世纪 50 年代中期，广西壮族聚居的 52 个县（市）建立了壮文工作机构，各县由 1 名副县长分管壮文工作。[②] 1980 年 6 月，自治区党委发出《关于恢复自治区少数民族语言文字工作委员会的通知》，《通知》决定设立推行壮文试点工作组。[③] 1986 年，南宁地区、百色地区、柳州地区民语办和武鸣等 53 个县、市的民语办得到加强，南宁市和钦州地区行署新设立了民族语文工作领导机构。[④]

1957 年 3 月 28 日至 4 月 7 日，广西省人民委员会召开全省第一次壮文工作会议，会议交流和研究了推行壮文工作的问题。同年 5 月，广西省人民委员会召开壮文推行工作汇报会。同年 11 月，广西省人民委员会又召开了推行壮文第二次会议。[⑤] 1984 年 8 月 19—24 日，自治区党委、人民政府、人大、政协领导及壮族地区分管壮文工作的市、县级领导等代表共 570 人在南宁召开全区壮文工作会议，围绕壮文推行工作提高思想、统一认识，研究政策和方法步

---

① 广西年鉴编辑部：《广西年鉴》，411 页，南宁，广西年鉴社，1990。

② 广西壮族自治区地方志编纂委员会：《广西通志·民族志》，952 页，南宁，广西人民出版社，2009。

③ 广西壮族自治区地方志编纂委员会：《广西通志·民族志》，952 页，南宁，广西人民出版社，2009。

④ 广西年鉴编辑部：《广西年鉴》，627 页，南宁，广西年鉴社，1987。

⑤ 广西壮族自治区地方志编纂委员会：《广西通志·民族志》，950 页，南宁，广西人民出版社，2009。

骤，还讨论了自治区人民政府《关于推行使用壮文的若干规定》。1985 年 10 月 16 日，自治区人民政府召开壮文工作汇报会，参加会议的有自治区党委统战部、自治区编制委员会、自治区民委、自治区语委、自治区教育厅、自治区财政厅等。[①] 1992 年 5 月，自治区人民政府召开了民族语言文字工作会议，会后下发了《关于加强民族语言文字工作的通知》（桂政发［1992］81 号），通知的主要内容有：提高对民族语言文字工作的认识，给壮文推行创造环境；加强壮语文的新闻宣传和壮文教材、图书、报刊的出版发行工作。[②]

1954 年 7 月，桂西僮族自治区僮族文字研究指导委员会（简称桂西壮委）成立[③]，负责壮语的调查和壮文创制、推行试验等工作，根据《壮文方案》（草案）编写各种教材和读物，进行壮文教学实验，还为筹建壮文出版社、印刷厂、壮文报社、壮语广播做了大量的工作。自 1957 年《壮文方案》（草案）颁布之后，广西壮族聚居区各地、市、县也相继建立了壮文推行工作机构。据记载，在 20 世纪 60 年代之前，已有 52 个壮族聚居的县（市）建立了壮文工作机构。[④] 1980 年 6 月，广西壮族自治区民语委恢复，具体负责全区 11 个世居少数民族语言文字工作的统筹、规划、协调、监督工作，管理已经国家批准有正式文字的壮、苗、侗、彝等少数民族语言文字推行使用的各项事务。截至目前，全区有区、市、县（区）三级共 80 多个少数民族语言文字工作机构负责开展壮文推行工作。截至 2014 年，广西有自治区级少数民族语言文字工作机构

---

① 广西壮族自治区地方志编纂委员会：《广西通志 · 民族志》，954 页，南宁，广西人民出版社，2009。

② 广西壮族自治区人民政府：《广西年鉴》，497 页，南宁，广西年鉴社，1993。

③ 1957 年 3 月改为广西省壮文工作委员会。1958 年 3 月，改为广西僮族自治区民族语言文字工作委员会。1965 年改为壮文工作委员会。1970 年撤销。

④ 广西壮族自治区地方志编纂委员会：《广西通志 · 民族志》，952 页，南宁，广西人民出版社，2009。

一个，地级市工作机构13个，县（市、区）级工作机构55个。全系统有工作人员202人。①

1963年11月，自治区语委召开了壮文工作座谈会，总结交流工作经验，讨论研究推行壮文的问题。②

1987年1月3—6日，自治区语委、自治区教育厅在德保县召开全区壮文工作现场会。出席会议的有关地、市、县民语办等，重点讨论如何结合生产、科技进行壮文教学等问题。1987年4月28日至5月2日，自治区语委召开壮文工作会议，各地（市）、县（市）民语办、民委及有关单位负责人参加，会议要求推行壮文要积极稳妥，讲求质量，巩固提高。会上，自治区人民政府特邀顾问张声震做了关于推行壮文工作的报告。③ 1989年4月27日，自治区语委召开全自治区壮文工作会议，全自治区民语办主任参加，总结了恢复推行使用壮文以来的工作成绩和经验教训，对今后壮文工作提出了调整、巩固、提高的要求。1990年2月28日，自治区语委召开民族语文工作会议，就如何进一步搞好壮文推行工作，包括壮文师资队伍建设、组织管理工作等进行研究讨论并定出具体措施。1990年3月29日至4月1日，召开全自治区民语办主任会议。④

（五）提供专业支持

1988年10月，广西壮族自治区壮文指导委员会成立，负责指

---

① 广西壮族自治区人民政府：《广西年鉴》，307页，南宁，广西年鉴社，2015。

② 广西壮族自治区地方志编纂委员会：《广西通志·民族志》，951页，南宁，广西人民出版社，2009。

③ 广西壮族自治区地方志编纂委员会：《广西通志·民族志》，955页，南宁，广西人民出版社，2009。

④ 广西壮族自治区地方志编纂委员会：《广西通志·民族志》，956页，南宁，广西人民出版社，2009。

导、检查、督促、协调有关部门和解决壮文推行工作的重大问题。在1989—1990年间，壮文指导委员会共召开三次会议，自治区人民政府先后两次以桂政发文件的形式印发壮文指导委员会的会议纪要，要求自治区直单位以及地、市、县人民政府遵照执行。如1990年2月《自治区壮文指导委员会第二次会议纪要》指出，“从1990年起，壮文进校工作从区语委转交区教委管理”。同年6月，自治区人民政府同意壮文进校工作交接意见。①

另外，1980年12月，广西民族研究学会成立，内设民族语文理事会。1985年11月，广西少数民族语文学会成立暨第一次学术讨论会召开，会议重点讨论了推行壮文的重要意义、壮文规范问题、壮文方案的完善化、推行壮文的教学经验等议题。1986年1月，中央民族语文翻译局壮文翻译室在南宁成立。② 这些专业机构在壮文推行过程中也发挥了很大的作用。

（六）编译、出版壮文图书资料

编译出版壮文图书、发行壮文报纸杂志为壮文推行工作提供了资料保障。据统计，1957—1966年，编译出版了农村扫盲课本、中小学和干部教材、马列著作、毛泽东著作、党的方针政策汇编以及社会科学、自然科学、文化艺术等各种壮文图书，共430多种1044万册。1959年，广西民族出版社成立了壮文编辑室。③

1981—1990年编译出版中小学、中专、大学壮文教材，扫盲、干部壮文课本，政治、经济、文教、艺术、体育等社会科学及自然

① 广西年鉴编辑部：《广西年鉴》，420页，南宁，广西年鉴社，1992。

② 广西壮族自治区地方志编纂委员会：《广西通志·民族志》，953～954页，南宁，广西人民出版社，2009。

③ 广西壮族自治区地方志编纂委员会：《广西通志·民族志》，952页，南宁，广西人民出版社，2009。

科学壮文读物，共215种535万册。[①] 1992年，广西民族出版社出版的《壮语词典》获中国首届民族图书二等奖、第二届桂版优秀图书一等奖。[②]

近年来，编译出版的壮文图书包括壮文工具书、壮文读物等，其中壮文工具书有《壮汉词汇》、《壮汉英词典》、《壮语新词术语汇编》、《汉壮词典》、《现代汉壮词汇》、《壮语文水平考试参考丛书》、《广西民族语言方音词汇》、《壮语900句》[③] 等；壮文读物有《童眼看民俗》、《亲近壮民俗》、《反季节蔬菜的栽培技术》、《农家养猪》等，以及《红旗飘飘》、《西游记》、《敌后武工队》[④]、《中国少数民族故事》、《中国古代戏曲故事》、《外国民间故事》[⑤] 等壮文连环画。同时，先后翻译出版《马恩文集》、《邓小平文选》、《江泽民文选》、《资本论》等经典著作，以及壮文版《刑事诉讼法》、《最新司法解释全书》[⑥] 等。2005年6月，广西自治区民语委与美国世界少数民族语文研究院合作编纂的《壮汉英词典》出版，全书128.4万字，印数2600册。[⑦] 2014年，完成国家语委"十二五"科研规划项目《壮汉词汇》全书约160万字的修订工作，使其成为国内收词量最大的壮汉对照工具书。组织编写《壮文社会使用规范手册》。[⑧]

---

① 广西壮族自治区地方志编纂委员会:《广西通志·民族志》，957页，南宁，广西人民出版社，2009。

② 广西壮族自治区人民政府:《广西年鉴》，497~498页，南宁，广西年鉴社，1993。

③ 广西壮族自治区人民政府:《广西年鉴》，378页，南宁，广西年鉴社，2009。

④ 广西壮族自治区人民政府:《广西年鉴》，387页，南宁，广西年鉴社，2010。

⑤ 广西壮族自治区人民政府:《广西年鉴》，303页，南宁，广西年鉴社，2011。

⑥ 广西壮族自治区人民政府:《广西年鉴》，298页，南宁，广西年鉴社，2013。

⑦ 广西壮族自治区人民政府:《广西年鉴》，433页，南宁，广西年鉴社，2006。

⑧ 广西壮族自治区人民政府:《广西年鉴》，307页，南宁，广西年鉴社，2015。

（七）发行壮文报纸杂志

1957年7月，《壮文报》创刊，1986年7月更名为《广西民族报》（壮文版），是全国唯一一份使用壮文出版的报纸，为壮文推行使用工作提供强大的思想保证和舆论支持。1957年至1966年，百色、宜山两专区的《农民报》设有壮文版面。1959年，《人民画报》、《民族画报》刊出壮文版，发行到13个国家和地区[①]，持续了7年，在国家媒体中率先支持壮文推行工作[②]。1986年9月，《三月三》（壮文版）创刊，该刊是用壮文出版的民族文学刊物，以发表少数民族题材的文学作品和培养壮文作者为主，面向美国、日本、澳大利亚及我国香港、台湾等14个国家和地区发行，并于2016年3月在广西民族报网正式开通电子版。[③]

除此之外，还有围绕壮文推行工作的一些通讯、简报之类的杂志发行。据统计，1957—1966年，广西壮族自治区民语委主办的内部刊物《壮文工作》每月一期，是壮文推行使用情况和教学经验交流的阵地。[④] 1981—1990年，《壮文工作通讯》印发了41期，《壮文推行简报》印发了74期。[⑤]

---

① 广西壮族自治区地方志编纂委员会：《广西通志·民族志》，952页，南宁，广西人民出版社，2009。

② 广西民语委：《建议国家尽快恢复出版〈民族画报〉壮文版》，http：//www.gxmyw.com.cn/gzdt/2016/0310/976.html，2016－03－10。

③ 广西民语委：《〈三月三〉杂志（壮文版）电子版在广西民族报网正式开通》，http：//www.gxmyw.com.cn/gxsyszz/dt/2016/0613/1075.html，2016－03－08。

④ 广西壮族自治区地方志编纂委员会：《广西通志·民族志》，952页，南宁，广西人民出版社，2009。

⑤ 广西壮族自治区地方志编纂委员会：《广西通志·民族志》，957页，南宁，广西人民出版社，2009。

（八）培养推行壮文的人才

据统计，1956—1960 年上半年，全自治区培训壮文推行干部（含不脱产）及教师共计 136984 人。1964 年 12 月 9 日，自治区语委转发自治区党委批转自治区民委党组《关于在壮族人民群众中进行壮文扫盲工作的意见的报告》指出，随着国民经济的好转，必须有计划有步骤地培训壮文群师和壮文专干。[①]

广西壮族自治区、地区、县三级壮文学校也为壮文推行工作培养、培训了大批人才。如 1956—1966 年，广西壮族自治区共有三级壮文学校 52 所，先后培训壮文专业教师 8000 多人、群众扫盲教师 40000 多人[②]，其中，1958 年春，各县壮文学校培训两批农村基层推行壮文师资和干部 29000 多名。[③] 1989 年，三级壮文学校举办各种短期轮训班，轮训在职县、乡、村领导干部、中小学领导和教师、民间文学工作者、壮族歌手、地名普查员、应届大中专毕业生等 6325 人。[④]

中央民族大学、广西民族大学、广西师范学院、民族师范学校、壮文学校等各级各类院校培养、培训壮语文人才、中小学壮语文教师及壮文推行干部，为广西推行壮文提供了人力保障。1952 年初，中央民族学院（现中央民族大学）开办了壮语言文学专业本科班并逐渐发展壮大，培养层次齐全，不仅有大专生、本科生，还

---

① 广西壮族自治区地方志编纂委员会：《广西通志 · 民族志》，951 ~ 952 页，南宁，广西人民出版社，2009。

② 广西壮族自治区地方志编纂委员会：《广西通志 · 民族志》，952 页，南宁，广西人民出版社，2009。

③ 广西壮族自治区地方志编纂委员会：《广西通志 · 民族志》，950 页，南宁，广西人民出版社，2009

④ 广西壮族自治区地方志编纂委员会：《广西通志 · 民族志》，956 页，南宁，广西人民出版社，2009。

有硕士、博士研究生，外国留学生及各类培训班、专修班等，为国家和壮族地区培养了大批壮语文人才，这些人才毕业后大多数成为了国家和广西壮语文相关部门的骨干。广西民族学院（现广西民族大学）在1952年创办之初就开办了壮语班，于1983年7月开设壮语文专业[①]，1988年开办壮语文函授大专班[②]，2009年举办中国少数民族语言文学专业（壮语言）函授学历本科班。

（九）规范壮文社会使用与管理

广西壮族自治区先后多次规范壮文的社会使用。1965年6月23日，自治区人民委员会办公厅发出《关于刻制壮汉两种文字的公章、牌额，壮文语序排列问题的通知》，改过去公章和牌额的壮文通称在前、专称在后为专称在前、通称在后的语序排列。[③] 2012年6—11月，开展全自治区法定单位名称使用壮汉文字书写牌匾情况检查，共检查牌匾1.1万块、整改0.31万块。[④] 2013年7月1日，《南宁市壮文社会使用管理办法》（以下简称《办法》）正式颁布实施。《办法》规定，面向社会使用壮文，应当标准、规范，字迹完整、清晰。为表达同一个内容而同时使用壮、汉两种文字的，含义应当一致，且文字的书写顺序应当符合壮文在前、汉文在后的原则，遵守横向书写的，壮文在上、汉文在下；竖向书写的，壮文在右、汉文在左；环形书写的，壮文在左半环、汉文在右半环，或壮文在外环、汉文在内环。两种文字的字体规格应当协调，壮文的

---

① 广西壮族自治区地方志编纂委员会：《广西通志·民族志》，1062~1063页，南宁，广西人民出版社，2009。

② 广西壮族自治区地方志编纂委员会：《广西通志·民族志》，955页，南宁，广西人民出版社，2009。

③ 广西壮族自治区地方志编纂委员会：《广西通志·民族志》，952页，南宁，广西人民出版社，2009。

④ 广西壮族自治区人民政府：《广西年鉴》，298页，南宁，广西年鉴社，2013。

字体宽度应当为汉文字体宽度的三分之一以上。2014年，加强对落实有关民族语文工作机构级别、通晓民族文字功用、使用壮汉两种文字书写悬挂单位名称牌匾等规定的督查。① 2015年，继县城主要街道实施民族风貌改造及上林电视台恢复播出壮语新闻之后，上林县大力推进“壮文入街”工作。建立全县壮文工作“政府主导、部门支持、社会参与”的管理机制，把“壮文入街”行动纳入创特和“美丽上林·生态乡村”活动总体规划中统筹推进。县城明山路、澄州路、丰岭路等32条街道已全部装上壮汉双语印制路牌，共计97块。壮文路牌让人感觉耳目一新，成为上林县创建特色旅游名县的一道风景线，进一步体现了壮族老家的民族元素，壮文的使用也将增进壮族人民的民族自豪感。②

加强规范化信息化建设，促进壮族语言文字科学发展与应用。2012年，加强少数民族语言文字规范化标准化信息化建设，成立全国信标委壮文信息技术工作组并召开首次工作研讨会，把壮文信息技术领域纳入国家标准制定范围加以建设。协助研发壮文校对软件，填补国内壮文辅助翻译软件的空白。协助召开全国壮语文新词术语翻译审定专家工作会，审定343个壮语新词术语并添进壮文软件词汇库。③ 为了科学发展壮语言文字，广西壮族自治区于2010年10月启动了壮语文水平考试试点工作，并将其定位为省部级民族语言类标准化水平测试，由自治区民语委具体组织实施。2012—2014年为壮语文水平考试试点期，共有1144人参加了各相应等级考试，实现了试点考试地域覆盖全自治区壮语南、北两大方言区，考试群体行业分布中央、自治区、市、县（区）、乡镇机关、企事

---

① 广西壮族自治区人民政府：《广西年鉴》，307页，南宁，广西年鉴社，2015。

② 广西民语委：《上林县“壮文入街”体现“壮族老家”民族元素》，http://www.gxmyw.com.cn/gzdt/2015/1210/913.html，2015-12-10。

③ 广西壮族自治区人民政府：《广西年鉴》，298页，南宁，广西年鉴社，2013。

业单位、高校、中小学、村屯、国有企业、民营私营企业、个体工商户，职业涵盖国家公务员，事业单位管理人员、专业技术人员，大中专院校和中小学、幼儿园老师，高校在读研究生和本科生，企业职工，自由职业者，民族成分包含壮、汉、瑶、苗、侗、仫佬等6个民族。2015年起进行常态化考试。同时，也积极探索壮语文水平测试的社会应用。2012年下半年以来，南宁市人社局、职改办、教育局对从事壮汉双语中小学教师、各级教研员评定职称时，取得壮语文水平考试及格以上等级证书的人员可以免考职称外语；自治区教育厅、广西民族大学等对全区壮汉双语学校教师壮语文培训班和“培训+学历”中国少数民族语言文学专业函授本科班学员参加壮语文水平考试及等级成绩也做出了明确的要求。壮语文水平考试的成绩社会应用有了可喜的开端。①

（十）开展壮文研究工作

在20世纪80年代，围绕壮语规范化、标准化展开研究，在壮语方言土语及其内部规律方面进行了调查研究工作。②

开展了壮族书面共同语的规范问题研究，找出方言土语与标准语的异同规律，解决操方言土语者学习标准语的方法途径。语音上，制定出汉语借词标准读音与壮文译音主要对应表和声母、韵母、声调3个比较表；词汇上，修订了《壮汉词汇》、《壮语常用词汇简编》等；语法上，编写了《壮语语法概述》、《壮语武鸣话语法》、《壮汉语法初步比较》等工具书和壮语基础知识读物计10多种。③

---

① 广西民语委：《广西开展壮语文水平考试试点工作情况综述》，http://www.gxmyw.com.cn/zyks/2014/1231/616.html，2014-12-31。

② 广西壮族自治区地方志编纂委员会：《广西通志·民族志》，957页，南宁，广西人民出版社，2009。

③ 广西壮族自治区地方志编纂委员会：《广西通志·民族志》，952页，南宁，广西人民出版社，2009。

2008年，区民语委完成教育部下达的“广西民族语文标准化规范化”课题调研的任务。[①] 2010年，区民语委完成教育部和国家语委批准立项的项目——壮语基本词汇规范，核定壮语单音节基本词汇3336个，并弄清楚24个壮语方言代表点与壮语单音节基本词的通解情况。明确3500个汉语常用词和次常用词与壮语单音节基本词之间的对应关系。[②] 2012年，加强壮文规范化标准化信息化建设。按照加注国际音标和词性、辨别歧义、添加简单例句等要求，对列入国家语委“十二五”科研规划项目之一的《壮汉词汇》进行修订，共修订条目1.6万条，其中新增条目0.3万条。[③]

同时，开展壮语通解度调查。2006年6月开始，广西壮族自治区民语委与世界少数民族语文研究院东亚部合作，在红水河流域的大化、都安、马山、忻城、上林、兴宾、武宣、象州、鹿寨、港北、桂平等11个县（自治县、市、区）开展壮语通解度调查研究。2008年，广西少数民族语言文字工作委员会与世界少数民族语文研究院合作，在德保、靖西、那坡完成壮语德靖土语通解度调查[④]。2013年，开展右江流域壮语通解度的田野调查[⑤]。

二、广西推行壮文的主要途径

（一）农村地区开展壮文扫盲

1957年，广西全省49个壮族聚居的县（区），已有14个县开

---

① 广西壮族自治区人民政府：《广西年鉴》，378页，南宁，广西年鉴社，2009。
② 广西壮族自治区人民政府：《广西年鉴》，302页，南宁，广西年鉴社，2011。
③ 广西壮族自治区人民政府：《广西年鉴》，298页，南宁，广西年鉴社，2013。
④ 广西壮族自治区人民政府：《广西年鉴》，378页，南宁，广西年鉴社，2009。
⑤ 广西壮族自治区人民政府：《广西年鉴》，301页，南宁，广西年鉴社，2014。

展壮文扫盲，办了4055个班，学员35万多人。[①] 1959年1月，自治区语委召开了全区第二次壮文扫盲工作积极分子会议。同年10月7—11日，又在贵县（今贵港市）召开了壮文扫盲现场会议，参加会议的有240多人。1960年下半年以后，根据中共中央提出的“调整、巩固、充实、提高”的八字方针，对农村推行壮文的工作做了调整，选择宁明、那坡、南丹、凤山、东山、都安、武宣、鹿寨等8个县（自治县）为重点，继续推行壮文。1962年2月17日，自治区教育厅、自治区民委又联合发出《关于1962年在壮族农村继续推行壮文的意见》。[②]

1964年12月9日，自治区语委转发自治区党委批转自治区民委党组《关于在壮族人民群众中进行壮文扫盲工作的意见的报告》指出，随着国民经济的好转，必须有计划有步骤地继续进行壮文扫盲；培训壮文群师和壮文专干；恢复壮文工作委员会机构；各有关县做好壮文扫盲试点工作。1966年5月，“文化大革命”开始，壮文推行工作受到摧残，至1970年年底，全自治区壮文机构、学校下马停办，壮文队伍全部解散。[③]

1981年开始，在壮族地区农村使用壮文扫盲，首先在武鸣县串钱大队和德保县洞奇大队搞试点。到1982年年底，农村壮文扫盲学习人数达21445人，脱盲7395人。1984年11月11—16日，自治区语委、自治区教育厅在德保县召开农村壮文扫盲工作会议，参加会议人员60多人，会议贯彻自治区人民政府关于壮文扫盲的决定，进一步提高认识，统一思想，积极稳妥地在壮族地区农村中

---

① 广西壮族自治区地方志编纂委员会：《广西通志·民族志》，950页，南宁，广西人民出版社，2009。

② 广西壮族自治区地方志编纂委员会：《广西通志·民族志》，951页，南宁，广西人民出版社，2009。

③ 广西壮族自治区地方志编纂委员会：《广西通志·民族志》，952页，南宁，广西人民出版社，2009。

开展壮文扫盲工作。至1986年，农村壮文扫盲已有53个县、市先后组织各种类型的学习班13470次，参加学习人数达50多万人，经考试验收，有25万多人达到了脱盲的标准。[①] 由于受经济因素的制约，推行壮文的经费有限，1987年农村使用壮文进行扫盲工作处于停滞状态[②]，到了1988年，壮族地区农村使用壮文进行扫盲被迫停止[③]。

壮族地区农村使用壮文扫盲取得较大成果。连片集中扫盲可以创造学用壮文的良好环境，学习效果很好，有一批乡镇村基本实现无壮文盲。同时，能够学用结合，壮族群众在学壮文的同时，通过读壮文书报学习科技知识，并把学到的科技知识运用到生产、生活中去，出现了一些可喜的现象。例如，武鸣县仙湖乡中桥村的莫金德一家，学习了《广西民族报》介绍的酿酒技术之后，把技术运用到生产中去，成了致富的冒尖户。类似的例子在壮文脱盲的壮族群众中是屡见不鲜的。[④]

（二）中小学壮汉双语教育

为了提高壮族地区学校教育的质量，广西先后在小学、初中、高中等三个教育阶段实施壮汉双语教育。

20世纪50年代末期，广西率先在小学开展壮汉双语教育教学试验，随着壮汉双语教育教学试验的成功，壮汉双语教育的规模在60年代不断扩大。1957年秋，在武鸣县、龙津县、柳城县、平果县等4个县的一年级试用壮文课本开展教学。1964年，已经有14

---

① 广西壮族自治区地方志编纂委员会：《广西通志·民族志》，953～954页，南宁，广西人民出版社，2009。

② 广西年鉴编辑部：《广西年鉴》，482页，南宁，广西年鉴社，1988。

③ 广西年鉴编辑部：《广西年鉴》，554页，南宁，广西年鉴社，1989。

④ 广西年鉴编辑部：《广西年鉴》，627页，南宁，广西年鉴社，1987。

个县开展壮汉双语教育试验。“文化大革命”期间，小学壮汉双语教育工作遭到破坏。80年代，随着广西自治区恢复壮文推行工作，小学壮汉双语教育工作重新开始。1981年秋，广西壮族自治区在武鸣、德保两个县的部分小学开办壮文教学试点班，之后逐步扩大小学壮汉双语教育规模。

广西壮族自治区初中壮汉双语教育开始于20世纪80年代中期，起步较晚。1986年秋，随着1981年开办的壮文教学试点班学生的毕业，广西在武鸣、德保两个县各开办了以壮语文授课的民族中学，拉开了初中壮汉双语教育的序幕，随着小学毕业生人数不断增加，壮汉双语初中的数量和规模迅速增长。1990年以后，根据自治区人民政府印发《自治区壮文指导委员会第二次会议纪要》的相关要求，壮汉双语初中只开设壮文必修课。

广西壮族自治区高中壮汉双语教育最早发端于20世纪80年代末期，1990年以后暂停，2013年又重新开办壮汉双语高中班。1989年，武鸣县民族中学招收了一届壮汉双语高中生。但是到了1990年，根据《自治区壮文指导委员会第二次会议纪要》中关于“壮文高中暂不推行”的基本精神，高中壮汉双语教育工作中断。2013年秋，广西民族高中开办壮汉双语高中班，并在全校开展《壮语文》选修课教学。

20世纪80年代，中小学壮汉双语教育规模不断扩大。90年代以后，广西调整了中小学壮汉双语教育的规模。这一时期，广西压缩了壮汉双语教育小学、初中的数量，缩减了招生人数，壮汉双语教育发展缓慢。进入21世纪以后，广西中小学壮汉双语教育进入了一个新的发展时期。截至2017年，全区共有214所壮汉双语中小学、2620个班级，在校学生共计121540人。

（三）组织机关干部学习壮文

1958年1月20日，广西省人民委员会发出《关于组织机关干部学习壮文的通知》，要求各级机关干部积极动员干部（首先是壮族干部）学习壮文，领导干部要检查和安排时间学习，各级壮语委要加强对机关干部学习壮文的指导，干部也汇入了学习壮文的大潮。1958 年春，桂西壮文学校办了 3 期壮文学习班，培训机关干部近 3000 人；百色、宜山两专区壮文学校也培养了机关干部 730 人。①

1982 年年底，干部学习壮文重新开始，其中自治区语委从当年起在自治区直属机关办班。1983 年 7 月 5 日，自治区人民政府批转自治区教卫办、民委、语委、教育厅、人事厅《关于我区大专、中专毕业生中的壮族学生学习壮文的请示》，同意在这些学生分配定位后，组织他们到自治区、县壮文学校学习壮文 3 个月。② 1987 年，自治区人大常委会 30 名领导干部集中学习壮文，经过两个多月的刻苦学习，大部分人基本达到脱盲的标准。③ 到 1987 年，干部学习壮文方面，据不完全统计，全自治区直属机关、各地（市）、县（市）乡组织了壮文学习班 73 个，2375 名干部、教师、职工初步掌握了壮文。此外，自治区外一些单位，如中央民族学院、国家语委等也举办了壮文业余学习班。④ 1988 年，壮文事业因受经费制约，自治区人民政府规定的壮族应届大、中专毕业生集中学习壮文 3 个月也无法进行。⑤ 1989 年，自治区、地区、县三级壮文学校举办的各种短期轮训班，轮训在职县、乡、村领导干部、中小学领导

---

① 广西壮族自治区地方志编纂委员会：《广西通志 · 民族志》，950 页，南宁，广西人民出版社，2009。

② 广西壮族自治区地方志编纂委员会：《广西通志 · 民族志》，953 页，南宁，广西人民出版社，2009。

③ 广西年鉴编辑部：《广西年鉴》，482 页，南宁，广西年鉴社，1988。

④ 广西壮族自治区地方志编纂委员会：《广西通志 · 民族志》，955 页，南宁，广西人民出版社，2009。

⑤ 广西年鉴编辑部：《广西年鉴》，554 页，南宁，广西年鉴社，1989。

和教师、民间文学工作者、壮族歌手、地名普查员、应届大中专毕业生等 6325 人，其中干部和小学教师 3253 人，大中专毕业生 2904 人。[①]

2003 年，壮文普及推广工作扎实进行，继续举办民族语言文字工作部门干部语言基础知识培训班，培训 30 人。[②] 2004 年，少数民族语言文字工作人员语言学基础知识培训工作持续开展，全年培训 30 人。[③] 2011 年继续在广西民族大学举办民语系统骨干分子学壮文学技能培训班。[④]

2012 年，加强少数民族语言文字推行使用工作。全面开展民族语文进机关、进农村、进企业、进学校“四进”活动，在自治区中青年后备干部培训班的县级以上党校主体班教学课程中，首次安排 4 个课时的民族语文政策法规辅导。[⑤]

（四）举办壮文培训班

1. 农民学壮文学科技培训班

从 20 世纪 90 年代末开始，广西壮族自治区民语委进行民族语文工作与发展农村经济相结合的尝试，在壮族聚居地开办农民学壮文学科技培训班，学习壮文和种养知识。农民学壮文学科技培训班办班情况如下：

1999 年，在贵港市蒙公乡、武宣县新龙乡横县灵竹镇开办农民学壮文学科技培训班，共培养 154 人[⑥]；2000 年，在武宣县、平

---

① 广西壮族自治区地方志编纂委员会：《广西通志 · 民族志》，956 页，南宁，广西人民出版社，2009。

② 广西壮族自治区人民政府：《广西年鉴》，512 页，南宁，广西年鉴社，2004。

③ 广西壮族自治区人民政府：《广西年鉴》，289 页，南宁，广西年鉴社，2005。

④ 广西壮族自治区人民政府：《广西年鉴》，326 页，南宁，广西年鉴社，2012。

⑤ 广西壮族自治区人民政府：《广西年鉴》，298 页，南宁，广西年鉴社，2013。

⑥ 广西壮族自治区人民政府：《广西年鉴》，322 页，南宁，广西年鉴社，2000。

果县、环江毛南族自治县、贵港市覃塘管理区举办农民学壮文学科技培训班，参加学习的农民200人①；2001年，在武宣、马山、环江等县（自治县）举办，有450名壮族农民参加培训，均达到壮文脱盲标准，并学到一些种养知识②；2002年，在柳城县和环江毛南族自治县举办，共培训壮族农民102人③；2003年，在柳城县和都安瑶族自治县举办，培训壮族农民100人④；2004年，在都安瑶族自治县、柳城县和大新县举办，共培训壮族农民140人⑤；2005年，在马山县、都安瑶族自治县、靖西、宁明县、凭祥市举办，共培训壮族农民300人⑥；2006年，在马山、大新、靖西、武宣、凭祥等5个县（市）举办，共培训250多人；2008年，在柳州、百色、来宾、崇左、贵港等市的部分县（区）举办，培训农民300多人⑦；2010—2011年，均在靖西县、覃塘区、右江区举办⑧；2012年，在邕宁、靖西等县（区）举办⑨；2013年，在宁明县、靖西县、覃塘区、隆林各族自治县举办，共培训200多人⑩。1999年至今，共办班40余次，共培训农民3000人左右。此外，还在靖西县、覃塘区、右江区举办妇女学壮文技能培训班。⑪

2. 壮族歌王歌师学壮文培训班

自2000年开始，广西自治区民语委举办壮族歌王歌师学壮文

---

① 广西壮族自治区人民政府：《广西年鉴》，417页，南宁，广西年鉴社，2001。
② 广西壮族自治区人民政府：《广西年鉴》，348页，南宁，广西年鉴社，2002。
③ 广西壮族自治区人民政府：《广西年鉴》，426页，南宁，广西年鉴社，2003。
④ 广西壮族自治区人民政府：《广西年鉴》，512页，南宁，广西年鉴社，2004。
⑤ 广西壮族自治区人民政府：《广西年鉴》，289页，南宁，广西年鉴社，2005。
⑥ 广西壮族自治区人民政府：《广西年鉴》，433页，南宁，广西年鉴社，2006。
⑦ 广西壮族自治区人民政府：《广西年鉴》，378页，南宁，广西年鉴社，2009。
⑧ 广西壮族自治区人民政府：《广西年鉴》，302页，南宁，广西年鉴社，2011。
⑨ 广西壮族自治区人民政府：《广西年鉴》，298页，南宁，广西年鉴社，2013。
⑩ 广西壮族自治区人民政府：《广西年鉴》，302页，南宁，广西年鉴社，2014。
⑪ 广西壮族自治区人民政府：《广西年鉴》，302页，南宁，广西年鉴社，2011。

培训班。[①] 截至目前，共有 300 多名壮族歌王歌师参加培训，他们能用壮文做学习笔记、用壮文记录壮族民歌，并初步学会壮文并掌握民歌创作技巧。据记载，2000 年，在广西壮文学校举办，有 40 人参加[②]；2002 年，在上林县举办，有 29 名歌师歌手参加培训，均学会壮文，并能用壮文记录壮族民歌[③]；2004 年，在田东县举办，54 名学员基本能用壮文做学习笔记；2006 年，在广西壮文学校举办，30 名学员通过为期 3 个月的脱产学习，初步学会壮文并掌握民歌创作技巧；2012 年，在邕宁、靖西等县（区）举办。[④]

除此之外，各市也举办歌王歌师培训班，如 2016 年 8 月，南宁市民宗委、南宁市民语委联合开办“跟我学壮文”培训班，参加培训的 25 名学员以民间歌师歌手为主，课程包括壮语文基础知识、壮族山歌解读、情景山歌模拟教学以及现场观摩武鸣一月一圩的“月歌圩”，为期 8 天的培训使学员们对本地独具特色的民歌有一定的了解和研究，会编会唱。[⑤]

3. 壮文写作培训班

自 2003 年 8 月开始，广西壮族自治区民语委与《广西民族报》社、《三月三》杂志社联合举办广西壮文写作培训班，每届 40 人左右。例如，2005 年，在南宁联合举办广西第二届壮文写作培训班，参加培训的 30 名壮文写作爱好者学习广西民族语文现状，壮族文学及当前文学现状，壮文小说、散文、诗歌、山歌创作，新闻写作等课程。[⑥] 目前，共举办了 6 届，共计 230 多人参加了培训。

---

① 广西壮族自治区人民政府：《广西年鉴》，417 页，南宁，广西年鉴社，2001。

② 广西壮族自治区人民政府：《广西年鉴》，417 页，南宁，广西年鉴社，2001。

③ 广西壮族自治区人民政府：《广西年鉴》，426 页，南宁，广西年鉴社，2003。

④ 广西壮族自治区人民政府：《广西年鉴》，298 页，南宁，广西年鉴社，2013。

⑤ 广西自治区少数民族语言文字工作委员会：《歌师歌手来相聚　壮文壮歌一起学》，http：//www. gxmyw. com. cn/mzywyy/qt/2016/0901/1174. html，2016 - 09 - 01。

⑥ 广西壮族自治区人民政府：《广西年鉴》，433 页，南宁，广西年鉴社，2006。

4. 回乡青年壮文技能培训班

针对完成义务教育、准备外出务工的回乡青年，靖西县、覃塘区、右江区等地举办回乡青年壮文技能培训班①，系统学习壮语文基础知识、壮族优秀传统文化、计算机基础知识与实际操作技能以及法律法规知识。其中，壮文学习效果显著，如2015年5月11日至6月20日，覃塘区蒙公乡举办回乡青年学习壮文学习技能培训班，参加培训的48名学员基本掌握了壮语文基础知识。经自治区民语委民族语文应用处出题测试，最高分为94分，最低分为58分，平均80.8分，及格率达98%。②

5. 基础壮文培训班

自治区民语委与各市民语委联合，在壮语保留比较完整的村寨举办基础壮文培训班。如2014年1月，自治区民语委与桂林市民语委、灵川县民族局在灵川县枫木根村举办的基础壮文培训班，有69名壮族群众参加了集中培训，经过3个月的业余学习，该村壮族群众的壮语言文字知识得到了较好的普及。③

（五）壮文广播节目

1957年，在中央人民广播电台开设壮语广播节目。1980年6月，自治区党委发出《关于恢复自治区少数民族语言文字工作委员会的通知》，决定广西人民广播电台设壮语编辑部。1982年，广西人民广播电台除原有的壮语节目外，又增设了壮语广播讲座。1983年9月，自治区党委宣传部批复广西人民广播电台恢复使用壮语标

① 广西壮族自治区人民政府：《广西年鉴》，302页，南宁，广西年鉴社，2011。

② 广西自治区少数民族语言文字工作委员会：《覃塘区蒙公乡举办回乡青年学习壮文学习技能培训班》，http://www.gxmyw.com.cn/mzywyy/qt/2015/0812/795.html，2015-08-12。

③ 广西壮族自治区少数民族语言文字工作委员会：《灵川瑶乡壮寨举办壮文培训班》，http://www.gxmyw.com.cn/mzywyy/qt/2014/0121/308.html，2014-01-21。

准语播送壮语节目。[①] 1988 年 4 月，自治区民语委和广西人民广播电台合作举办的壮语广播学校开播，每天广播 2 小时，着重传播农村实用的种植、养殖方面的知识，该校使用的壮语文教材，能结合工农业生产，特别是结合生产科技内容来编写，听众既能学壮文，又能学知识、学技术，效果很好，收到自治区和国内外来信来电 1 万多件，表示热烈欢迎该节目和支持壮语广播学校的工作。[②]

自治区民语委还指导和支持有关市（县、区）开展壮语广播电视节目。[③] 2014 年 8 月，崇左市人民广播电台的《壮语新闻》开播，开创地级市壮文广播节目的先河。[④] 截至目前，全区共有一个地级市和武鸣、靖西等 22 个县（市）开播壮语广播栏目。

（六）壮文电视节目

1994 年 10 月，广西电视台在卫星频道开播《壮语新闻》栏目。广西电视台还致力于壮语节目的开发和研制，先后投资译制了《水浒传》、《射雕英雄传》、《西游记》等多部壮语电视连续剧和一些壮语动画片。2008 年，广西电视台播放壮语配音的少儿电视连续剧。

2014 年 11 月，崇左市电视台的《壮语新闻》开播。这是全区最先开播的地级市电视壮语节目。与此同时，上林、武鸣、平果、田阳、靖西、龙州、宁明、凭祥、东兰、天等等县（市、区）电视台也相继开办《壮语新闻》栏目，并逐步增加自办壮语品牌栏目，如靖西的《五色糯》、武鸣区的《壮乡风情》、东兰县的《壮语故

---

① 广西壮族自治区地方志编纂委员会：《广西通志 · 民族志》，952 ~ 953 页，南宁，广西人民出版社，2009。

② 广西壮族自治区地方志编纂委员会：《广西通志 · 民族志》，955 页，南宁，广西人民出版社，2009。

③ 广西壮族自治区人民政府：《广西年鉴》，326 页，南宁，广西年鉴社，2012。

④ 广西壮族自治区人民政府：《广西年鉴》，307 页，南宁，广西年鉴社，2015。

事会》等。如今，壮语电视节目的内容由单一的壮语时事新闻扩展到民族文化、农业科技、地方风情、法律法规等。2017 年 1 月 15 日晚，中国（广西）首届壮语春节联欢晚会在南宁市上林县举行，晚会以“壮族老家·绽放梦想”为主题，分别用标准壮语、壮语南部方言和上林本地方言主持，还使用最新的云直播技术，在三十多个网站、微信等平台进行全球全方位的直播。①

（七）播放壮语电影

进入 21 世纪以来，自治区民语委结合电影下乡活动普及推广少数民族语言文字，以壮语科技电影为主，每年在龙州、田东、靖西、东兰、凤山、宁明、龙州、田阳、靖西、那坡、凭祥、江州、隆安、宜州、柳城等地放映，累计 27000 多场次，且放映场次呈递增趋势（见图 1－1）。② 如 2001 年在右江河谷地区放映 100 场；2004 年共放映 300 场次，观众 11 万人次；2008 年，在崇左市江州区、宁明县、凭祥市、田东县、宜州市、靖西县、隆安县、东兰县等地放映 900 多场次。③ 结合电影下乡活动普及推广少数民族语言文字的举措深受群众欢迎，观影的观众也逐年呈上升趋势，2005 年，在龙州、田东、靖西、东兰、凤山、融水等地放映多部壮语电影，观众 10 万多人次④；2010 年，在凭祥、江州、隆安、宜州、柳城等县（自治县、市、区）放映，观众约 40 万人次⑤。

---

① 广西壮族自治区少数民族语言文字工作委员会：《广西首届壮语春晚在上林县成功举行》，http：//www. gxmyw. com. cn/mzywyy/qt/2017/0120/1294. html，2017－01－20。

② 2001—2010 年的数据统计来自《广西年鉴》（2002—2011）、2011—2015 年的数据来自广西民语委调研统计。

③ 广西壮族自治区人民政府：《广西年鉴》，378 页，南宁，广西年鉴社，2009。

④ 广西壮族自治区人民政府：《广西年鉴》，433 页，南宁，广西年鉴社，2006。

⑤ 广西壮族自治区人民政府：《广西年鉴》，302 页，南宁，广西年鉴社，2011。

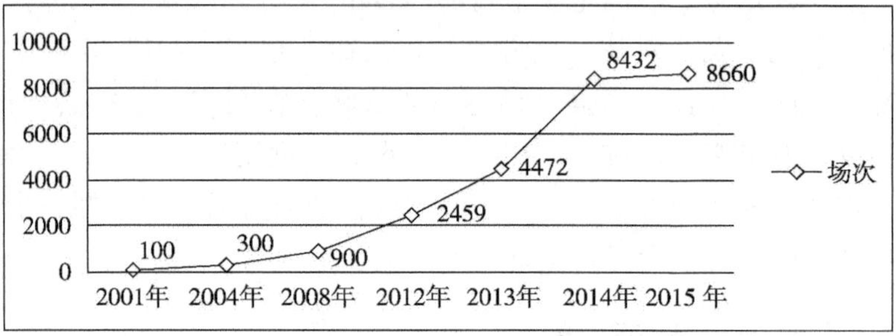

图1－1 壮语科技电影下乡活动

（八）开设网络学壮文平台

2014年，在自治区民语委网站和柳州市民委网站分别开设"在线学壮文""跟我讲少数民族语言"等栏目。"在线学壮文"的内容由基础壮文学习系列、基础知识系列两部分组成。[①]"跟我讲少数民族语言"的内容主要以汉语中的"你从哪里来?"、"全村有多少户、共有多少人?"等常用语句100句，分别以壮语、苗语、侗语的有声语言进行标准示范。[②]与此同时，近些年壮语网络歌曲小范围内流行，南宁、崇左、河池、柳州等市一些民间壮语文爱好者录制翻唱或者创作歌曲，通过网络传播壮族歌曲，并先后在优酷网、僚人家园等网站及相关微信、微博上发布，如《壮族天籁》、《迎客歌》等。

（九）公共服务领域的壮文书写

早在20世纪50年代中期，广西各级机关单位的公章和牌匾都

---

① 广西自治区少数民族语言文字工作委员会：《在线学壮文》，http://www.gxmyw.com.cn/plus/list.php? tid＝21&TotalResult＝27&PageNo＝1，2016－09－13。

② 柳州市民族和宗教事务委员会：《少数民族语言文字》，http://mw.liuzhou.gov.cn/mzgz/ssmzyywz/cy/，2016－09－13。

用壮汉两种文字书写，自治区内铁路站牌、一些公路及航运的路标和站牌也使用了壮文。[①] 自治区人民政府办公厅先后于1965年[②]、1984年、1991年、1998年、2008年下发通知，多次重申全区法定单位要使用壮、汉两种文字书写单位牌匾。如今，全区各级党委、人大、政府、政协、纪检、国防动员委（人民武装部）等的区、市、县（市、区）三级名称的牌匾，工商、水利、卫生、食品药品监督的区、市、县、乡镇或工作站四级名称的牌匾，以及部分地级市城市街道名称标识、城乡交通道路周边行政区划和居民用地名称标识均用壮汉两种文字书写。

1984年3月2日，自治区人民政府办公厅通知自治区内各级行政机关，规定机关的招牌要用壮、汉两种文字。[③]

1991年，自治区各级党政机关、社会团体及民主党派普遍使用壮、汉两种文字书写单位挂牌，部分企事业单位也积极行动，全自治区重新制作的牌匾共2.7万张。11月在南宁市举行的第四届全国少数民族传统体育运动会的大幅标语、横额及宣传印刷品大都使用壮、汉两种文字书写。[④]

1998年6月，自治区人民政府办公厅发出通知，重申全自治区法定单位要使用壮、汉两种文字书写单位牌匾。各级党政机关、社会团体、企事业单位大多数已按规定执行；自治区成立40周年庆祝活动场所，绝大部分的横标、会标均使用壮、汉两种文字书写。

2013年7月1日，《南宁市壮文社会使用管理办法》（以下简称《办法》）正式颁布实施，壮文开始面向社会公众使用。《办法》

---

① 广西壮族自治区地方志编纂委员会：《广西通志·民族志》，952页，南宁，广西人民出版社，2009。

② 由广西自治区人民委员会办公厅发出。

③ 广西壮族自治区地方志编纂委员会：《广西通志·民族志》，953页，南宁，广西人民出版社，2009。

④ 广西年鉴编辑部：《广西年鉴》，501页，南宁，广西年鉴社，1992。

规定，行政区划名称的标牌，国家机关、事业单位名称的牌匾和公章，市、县（区）政府政务网站、政报的名称，机场、火车站、汽车站、港口、码头、博物馆、展览馆、图书馆、体育馆等公共场所名称的招牌、标牌，市、县（区）大型会议、重大活动所使用的标牌、横幅，应同时使用壮、汉两种文字的其他情形等 6 个场合、设施的社会用字，应当同时使用壮、汉两种文字。该《办法》所称行政区划名称，包括市、县（区）、乡镇等行政区域和市、县（区）人民政府派出机构所辖区域的名称。本《办法》所称大型会议，主要包括各级人民代表大会、政治协商会议、农村工作会议、经济工作会议、民族团结表彰会议等；重大活动主要指各类大型庆典活动、体育运动会、文化艺术节等。

除此之外，1959 年开始，在人民币上加印壮文。① 1987 年 3 月，第六届全国人大第五次会议开始用壮文作为少数民族语文翻译文种之一。② 广西一些重大活动、重要会议横幅标语均使用壮汉两种文字书写，如 1991 年 11 月，在南宁市举行的第四届全国少数民族传统体育运动会的大幅标语、横额及宣传印刷品等使用壮汉两种文字书写③；1998 年，自治区成立 40 周年庆祝活动场所，绝大部分的横标、会标均使用壮、汉两种文字书写④。

《壮文方案》（草案）颁布 60 多年来，在法律、政策等条件保障下，通过群众扫盲、壮汉双语教育、广播电视电影等基本途径，广西推行壮文工作取得了巨大成就，在促进当地的经济发展、提高学校教育水平等方面发挥了不可替代的作用。

---

① 广西壮族自治区地方志编纂委员会：《广西通志 · 民族志》，952 页，南宁，广西人民出版社，2009。

② 广西壮族自治区地方志编纂委员会：《广西通志 · 民族志》，955 页，南宁，广西人民出版社，2009。

③ 广西年鉴编辑部：《广西年鉴》，501 页，南宁，广西年鉴社，1992。

④ 广西壮族自治区人民政府：《广西年鉴》，384 页，南宁，广西年鉴社，1999。

三、广西推行壮文所取得的成效

（一）推行壮文，提高了壮族群众的政治地位

历代统治阶级实行民族压迫和民族歧视政策，以及自然条件、社会环境、传统文化以及宗教等诸多因素的影响，国家共同语的推广效果并不明显，少数民族地区的少数民族人口汉文文盲率多在50%以上，广大少数民族聚居地区远远没有形成使用汉语文的社会环境，各少数民族依然使用本民族语言和汉语方言为主。新中国成立以后，在政治上实行民族平等政策，少数民族拥有了参政议政的权利。但是，长期以来，我国少数民族地区和汉族地区的经济社会发展水平不平衡，民族地区社会发展落后的一个重要原因就是少数民族人口科学文化素质的落后以及国家通用语通行程度较低，实施政治、经济、文化、教育等各种活动的计划均遇到语言障碍。在这种特定的社会需求之下，只有推行和使用民族文字才可以直接满足这些少数民族在社会扫盲、学校教育、参与各种社会活动以及民间生活中的现实需要，发挥汉语普通话不能发挥的作用。

在当时的条件下，壮族地区交通不发达，信息闭塞，壮族虽然有语言但无统一使用的文字，群众不懂汉语普通话，了解国家的政策、从事参政议政等活动存在极大困难。针对这种情况，党和国家组织专家为壮族创制了文字，并在壮族地区统一推行壮文，打破了过去封闭的格局，营造了开放的文化交流传播环境，真正实现了“每个民族无论大小都要一律平等”的理念，提高了壮族群众的政治地位。

（二）推行壮文，有助于增强壮族的民族认同和民族凝聚力

语言是一个民族情感的桥梁和纽带，也是民族认同的标志。壮

语大致以邕江、右江为界分南部和北部两大方言区，方言区又分为若干土语区。其中江南地区属于南部方言区，有邕南、左江、德靖等3个土语区；江北地区属于北部方言区，有桂北、柳江、红水河、邕北、右江、桂边等6个土语区。[①] 壮文是在对广西49个县54个点的壮语方言进行全面调查的基础上，以语音差别较小、占壮族人口2/3的壮语北部方言为基础方言，以武鸣县双桥乡的壮语为标准音创制的，是壮族统一的合法文字，也是壮族的重要标志之一。因此，壮文推行为南、北方言区之间，以及每个方言区的土语区之间的相互交流提供了族内通用语，有助于形成壮族的民族认同和民族凝聚力。

（三）推行壮文，提高了壮族群众科学文化水平，促进壮族地区经济发展

新中国成立之前，广西壮族地区的文盲比例高达80%。20世纪50年代，国家为壮族制定了壮文，并在农村地区开展壮文扫盲工作，为促进壮族地区的经济发展做出了巨大贡献。

农村地区壮文扫盲工作实践证明：一个文盲的壮族青壮年农民，学习二百个小时左右，就能用壮文来记事、写信，记、写山歌和阅读壮文报及壮文通俗读物。壮族群众通过学习壮文脱盲，掌握科学文化知识，并把所学的知识运用到生产当中。据记载，某县有一位47岁的农妇，原是一个壮、汉双文盲，1981年开始学习壮文，在她利用业余时间学习120个晚上之后，就能用壮文来记事、写信、写春联、阅读壮文报等，并把从壮文报中学习到的科学知识用到生活、生产中去。实行家庭联产承包责任制后，她用壮文来标记

---

① 广西壮族自治区人民政府：《广西年鉴》，37页，南宁，广西年鉴社，2015。

谷种名称，不使种子混乱，按科学方法使用磷肥，保证庄稼丰收。[①]

壮族群众通过学习壮文掌握先进的科学技术，提高生产产量，促进经济创收。据记载，德保县壮族群众有80%学习掌握了壮文，通过壮文这个工具去学习水稻杂优栽培技术，1987年全县种水稻杂优品种2万多亩，平均亩产860斤，比常规品种每亩增产125斤，极大地提高了产量。该县某镇的一位农民从壮文报刊上学到了田七育苗栽培技术以后，于1986年自己投资400元，独身上山开荒种植田七，一年以后培育出价值高达1700元的田七苗种子。由于他掌握了科学文化知识，投资换来了高于成本4倍多的回报，提高了经济收入。[②] 实践证明：学习掌握壮文是加快提高壮族人民文化科学知识的有效工具和重要措施，也可以极大地促进壮族地区经济发展。

（四）推行壮文，可以完整而真实地传承壮族语言文化

语言与文化是一种共生的关系，文化是语言形成和发展的基础，语言是文化的载体和传播工具，任何一个民族的思想文化都融化在语言中，只有民族语言才能更完整而真实地表达一个民族的思想情感、文化形态等。壮语是一种优美、生动、词汇丰富、韵味色彩浓重、表现能力很强的语言，壮族人民用壮语口口相传的璀璨文化也精彩纷呈，壮族丰富多彩的文化与壮语的语言功能不无关系。新中国成立之前，壮族只有语言没有自己的民族文字，壮族优秀的传统文化没有得到完全的书面记录和整理，很多的文化作品已经失传。尽管在壮族聚居的地区也曾经有一部分人以汉字为主体、部分方块壮字组成的文字

① 覃耀庭：《近年来广西推行使用壮文的情况及亟待解决的问题》，载《中南民族学院学报》，1985（3），97～101页。

② 覃耀庭：《新的历史时期壮文工作中的几个问题》，载《民族语文》，1989（4），45～47页。

来创作、收集、记录山歌、戏剧等，用方块壮字加汉字书写的山歌本、壮语剧本、师公唱本等文化作品在民间时有出现，但是，一方面由于口头语言与书面语言不相一致，这些作品不能反映出壮族文化的固有特点和真实的感情，另一方面会读会用汉字及方块壮字的人不多，使用面很窄，许多优秀的壮族文化作品只能连同其文字一起自生自灭。有学者指出，用汉字来记壮语词汇，记得不够准确，用汉字来记录壮语山歌，也不容易把原歌如实记录下来。若不能把壮语原歌用它的书面形式壮文记录下来，就无法介绍、分析、评价、研究其思想内容和艺术特点。大量的民间艺术，不用壮文这个工具，是不能很好地保存、整理和研究的。在整理壮族文化的过程中发现，一些壮语俗语的汉译文稿，即使是译出原意，但韵味、感情色彩、语言特色、俗语词义内涵，都不能代替原来的壮语。①

事实证明，若用壮文来记录、整理山歌和民间文学等壮族文化，就能如实地把原作品的面貌反映出来，而且这些壮族文化作品深受壮族群众的欢迎。著名的壮族民间文艺学家黄勇刹先生参加了不少壮语诗歌的整理、编撰工作和汉文本的编译工作。他在《达稳之歌》这部长诗出版后说："《达稳之歌》的壮文整理本发行之后，本民族的群众是欣喜若狂，都安老歌手易以凤收到《达稳之歌》壮文本时，就和群众一起唱到午夜方休。"② 群众这样的一种强烈反应，是在汉文整理本中比较罕见的。之所以壮族歌手和群众有如此与众不同的反应，是因为壮文保存了长诗本来的语言特色、艺术风格等。与此同时，一些壮族作家对此也深有感触，在没有壮文之前，想利用汉文表达壮语的本意是件不太容易的事情，有时甚至是不可能的。有了壮文之后，在从事文学创作时语言和文字之间的障

---

① 唐国富：《壮文的实用问题》，载《广西大学学报》（哲学社会科学版），1986（2），51～65页。

② 黄勇刹：《壮族歌谣概论》，107页，南宁，广西民族出版社，1983。

碍完全消除了，壮文能够更加贴切地表现壮语的音义，壮语怎么表达壮文就可以怎么书写，正可谓“读‘字’得其意”。而且用本民族文字写的作品壮族读者更容易读懂，并能够直接领会书中的精神实质，能够直接欣赏书中刻画的人物以及所描绘的景色。所以，用壮文创作的文学作品更受壮族读者的欢迎和喜爱。[①]

由于语言对文化的载储功能，一个民族文化的形成、发展、传承和吸收，都要通过语言来表现，民族文化主要是通过本民族语言表述的。推行壮文，用本民族语言文字记录、整理壮族文化，为保存、传承、发展壮族文化做出了极大贡献。

（五）推行壮文，提高了壮族地区中小学教育教学质量

由于语言隔阂，单一使用汉文教学，壮族地区学生对学科知识的理解能力差，造成入学率、巩固率、合格率低，壮族地区中小学教育教学质量很差。据记载，河池地区 1982 年小学升初中考试，语文数学双科及格率仅有 2%，马山县达到 8%。昭平县风立乡 1982 年 32 个壮族小学毕业生，没有一个考上初中。某县中学一个毕业生将 1/2 加 1/2 写成等于 2/4；该县城厢镇的一个中专生，演算数学题时亦将 100 减去 1 写成等于两个零；那坡县 1985 年小学毕业的合格率只达 1.56%，河池地区小学毕业考试中只有 18.7% 达到五科及格。[②]

实践证明，在壮族地区中小学使用壮文教学是提高壮族学生学习质量的一个有效途径。1957 年，平果县坡造大队龙马小学开展的一个壮文教学班和一个汉文教学班的对比实验结果显示，壮文班的学生只学五个月就会造句，汉文班的学生学习一年还不会造句。

---

① 韦以强、李从式：《壮文小说的创作情势》，载《民族文学研究》，1988（10），57~61 页。

② 韦以强：《关于壮语文使用和发展的几个问题》，载《中央民族学院学报》，1988（2），59~62 页。

1981年，在武鸣、德保两个县的八所小学一年级开展的壮文教学试点也取得了很好的效果。如德保县的两个小学壮、汉文班第一个学期的语文成绩对比，那甲小学壮文班平均分数88.8分，汉文班平均为70分；马溢小学壮文班平均分77分，汉文班平均26.9分。武鸣县庆乐小学壮文班，只学习一个多月，学生就掌握声、韵、调，能拼读新课文；期考语文、数学及格率分别为90.2%。[①] 推行壮文教学，不仅语文学科取得了很好的教学效果，数学学科也是如此。以马山县古寨中心校一年级壮、汉文两个班的数学课为例，该校一年级数学教师兰盛荣同时担任汉、壮两班数学课。壮文班22名学生，这些学生全部没有接受过学前教育，而且未达到学龄的学生占总数的50%，使用壮文教材；汉文班41名学生，全部是7—12周岁的学龄儿童，其中接受过学前教育的学生占总数的29%，重读一年级的学生占总数的34%，使用汉文教材。经县教育局统一命题，壮汉文内容完全一样，两个学期的期终考试结果如下：第一学期期末全县统考数学，壮文班及格率为91%，平均成绩90.4分；汉文班及格率为78%，平均成绩77.3分。第二学期期末数学课程参加全县统考，壮文班的及格率为100%，平均成绩89.9分；汉文班及格率为72%，平均成绩72.8分。[②]

中小学使用壮文进行教学，壮族教师能用本民族的语言文字讲课，能流畅、生动、通俗地传授知识技能，发挥自己母语的优势、深入讲解分析课文内容。壮族学生容易理解和接受，思想活跃，能用自己的母语回答老师的提问，知识技能提高较快，智力发展较好。中小学的教育教学质量明显提高，壮文班的学生成绩明显地高

① 韦光化：《谈谈推行壮文的重要性和必要性》，载《广西民族学院学报》（哲学社会科学版），1983（5），145～148页。

② 韦以强：《关于壮语文使用和发展的几个问题》，载《中央民族学院学报》，1988（2），59～62页。

于汉文班的学生成绩，激发了学生的学习兴趣和积极性，中小学的入学率、巩固率、合格率提高了。

四、广西推行壮文存在的困难

（一）广西少数民族地区的语言环境不断发生变化

随着经济一体化、全球一体化的到来，广西少数民族地区的语言环境不断发生变化。例如，粤语在广西的盛行主要源于广东人的商业运作，他们凭借在商业和生产技术等方面的优势，在广西东南部扎下了根，逐渐使粤语成为广西的主要汉语方言之一。在经济生活中，当地人和粤东人商贸往来，少数民族若想把自己的产品卖出去，并买回自己所需的生活物品，必须使用双方都懂得的语言作为交际工具，久而久之，在使用本民族语的同时，也学会了粤语。改革开放以后，珠江三角洲的经济突飞猛进，大量引人注目的新鲜商品携带着富有冲击力的生活方式经广东流入广西，粤语带着一种特殊魅力在商业活动中发挥着巨大作用。桂东和桂东南闽语区、客语区和少数民族语区，人们竞相学习粤语，在县市镇的人口密集区，尤其是在商业服务行业中，粤语通行无阻，桂东和桂东南的平话、壮语的共通语地位也逐渐让位给粤语。

20 世纪 90 年代以来，随着广西各民族地区经济发展以及招生制度的改革，少数民族地区对汉语普通话的需求进一步增加，少数民族的家长为了使自己的孩子走向全国乃至走向世界，为了日后择业有更广的出路，在民族语、汉语、外语的抉择面前，不少家长首先放弃民族语，更愿意让孩子进入汉语学校学习，民族学校生源数量减少。这种向第二语言汉语倾斜的现象在壮族地区尤为明显，许多家长不愿意让孩子进入壮文学校，因为他们认为学会汉语更有利于将来就业。在杂居地区，向第二语言汉语倾斜的现象更为突出，其表现就是民族杂居区双语类型出现了向汉语一端转化的趋势：一是由“民—民”型双语人向“民—汉”型双语人转化；二是“民—汉”型双语人向“汉—民”型双语人转化；三是在青少年中，出现了“汉—民”型双语人向汉语单语人（或是汉语方言，或是普通话）、汉语双语人（汉语方言与普通话）转化。[①] 随着国家通用语言文字推广使用的深入和使用粤语、西南官话地区经济辐射的影响，越来越多的少数民族人口使用汉语及方言，使用母语的少数民族人口逐渐减少，民族地区双语类型向汉语一端转化的趋势逐渐加剧。[②] 一些少数民族群众只是在一定环境条件下才用母语进行交际；一些虽以自己的民族语言为母语，但在应用中却基本放弃了母语而使用其他语言；一些则根本不以自己民族语言为母语。

（二）壮族群众的语言观念发生了变化

广西是多民族共居，多语言、多方言共存的地区，作为沟通不同语言使用者之间的通用交际工具，普通话在广西获得了较高程度的社会认可，其普及水平和社会心理评价值都远在周围各省之上。随着广播电视的普及，普通话在各地的应用和声望都有了很大提高，有87%的受访者认为普通话的社会影响比较大，远远高于对其他任何语言或者方言的评价。

改革开放以后，经济活动空前活跃，长期处于封闭式的壮族农村地区经济格局被打破，壮族群众外出打工、做生意，出现了人口流动热潮，而且涉及人口众多。人口流动和向城镇集中带来壮族群众观念上的变化，随着社会交往和活动场所不断扩大，语言使用观念和态度也因此发生变化，认为普通话很有社会影响力，有些壮族

① 陈海伦、王里平：《广西的双语社会问题》，见广西壮族自治区语言文字工作委员会：《广西语言文字使用问题调查与研究》，26页，南宁，广西教育出版社，2005。

② 广西壮族自治区人民政府：《广西年鉴》，37页，南宁，广西年鉴社，2015。

家长强调自己的孩子首先需要掌握汉语言文字、外国语。①

在一项调查中，只有10.9%的被调查者认为壮语是广西最体面的语言，只有12.4%的壮族被调查者认为壮语在所在地区的实际交际作用大于普通话和其他汉语方言，只有6.6%的人认为壮语可能成为广西的主要语言，而有26.7%的人认为壮语的交际范围将逐渐缩小，只在农村使用。②

（三）壮文的社会应用逐渐减少

20世纪50年代，壮族地区文盲的比例很高，许多壮族群众面对着时代的变迁、科学技术的发展而深感掌握知识的重要性，他们渴望通过学习壮文的途径去获取科学知识，摘掉文盲的帽子。再加上当时特殊的历史年代凡事习惯于搞群众运动，在壮族地区把学习使用壮文当作政治任务来抓，一度出现了轰轰烈烈的学习使用拼音壮文的热潮。1959年3月，中共广西壮族自治区委员会批转《区民族语言文字工作委员会关于一年来在壮族地区人民群众中进行扫盲情况和当前工作意见的报告》中记载，群众学会了壮文并把它运用到生产、生活中，有近万的生产队用壮文记工分、排工，许多炊事员用壮文记账，群众用壮文记山歌、写革命故事和新人新事，歌颂社会主义，写大字报，写挑战应战书、决心书和报喜信，紧密结合生产生活和各种运动，学文化、学政治、学技术。壮文推行为生

---

① 袁善来、黄南津：《广西政治经济教育等对语言使用的影响》，见广西壮族自治区语言文字工作委员会：《广西语言文字使用问题调查与研究》，63～69页，南宁，广西教育出版社，2005。

② 杨信川：《广西的语言使用和语言声望问题》，见广西壮族自治区语言文字工作委员会：《广西语言文字使用问题调查与研究》，35～36页，南宁，广西教育出版社，2005。

产、革命运动、政治思想提供了服务。①

20世纪80年代，推行壮文工作恢复之后，壮文在生产生活、学校教育、升学考试、广播电视等领域都有广泛的应用。但是，90年代以后，由于经费问题，农村壮文扫盲工作被迫中断，中小学壮汉双语教育的规模也相继调整缩减，壮文专业大中专毕业生不包分配，自谋职业。壮文的社会应用逐渐减少。

（四）大部分壮族民众学用壮文的积极性较低

使用是语言文字存在的唯一条件，而语言文字使用的关键在于民众的广泛性。一些图片资料显示，20世纪50—60年代壮族民众学习壮文的积极性非常高，有的壮族民众白天在田间地头利用休息时间学习壮文，有的壮族妇女晚上在微弱的灯光下怀抱婴孩学壮文。据记载，在水利工地上，成千上万的群众学习壮文，壮族民工喊出了“向水利进军、向文化进军”“课堂在工地，工地上毕业”的口号。城厢区上磨水利工地没有学习用的本子，在后方的人就做了一千六百三十五块小木板送去，人手一块，成了群众学习壮文的作业本。② 但是，当前作为壮族民众权利之一的“学用壮文”似乎演变成了极少部分知识分子的责任和义务，以及一部分壮族文学爱好者的兴趣。

调研发现，大部分壮族民众学用壮文的积极性非常低，他们既不懂壮文，日常生活也不用标准壮语交流。一部分学生家长认为，孩子学习壮文在升学、就业方面没有实际用处，也不能带来直接的经济收益，他们认为学好汉语普通话和英语比学习壮文更有前途，甚至有些家长认为开设壮语文课加重了孩子的学习负担，反对学校

---

① 广西壮族自治区地方志编纂委员会：《广西通志·民族志》，1340～1342页，南宁，广西人民出版社，2009。

② 梁华新：《僮文的创制和推行》，载《民族团结》，1958（5），8～9页。

开设壮语文课。据教师们反映，学生在学校除课堂以外基本不使用标准壮语进行交流，大部分学生在学校的交谈主要以普通话为主，小部分学生是靠桂柳官话进行交流，用当地壮话（壮语方言）交流的学生占的比例都很小。

（五）熟练运用壮文的人数较少，壮文学习效果不甚理想

《壮文方案》（草案）颁布60多年来，广西自治区通过在农村地区壮文扫盲、组织机关干部学习壮文等各种途径，几乎做到了壮文推行全覆盖。但是，目前来看，壮文学习的效果不甚理想。据自治区民语委社会应用处的相关工作人员初步估计，目前全区能够熟练运用壮文的人数不足10万人。广西民语系统接受过壮文专业教育的部分工作人员反映，他们目前的壮文水平也仅限于听、说层次，用壮文阅读和写作尚有一些困难。

虽然中小学壮汉双语教学的规模不断扩大，但是壮语文知识的巩固率较低。一些毕业于壮汉双语小学的中学生表示，虽然小学阶段也曾努力学习壮文，但是现在基本都清零了。如前所述，目前全区214所壮汉双语学校中，小学占84.6%、初中占13.6%、高中占1.8%。小学生虽然能够通过壮语文毕业测试，但是如果不愿意或者没有机会选择继续在壮文初中、高中就读，可以预见的是：随着时间的流逝，壮语文教学在这些个体身上终将前功尽弃。

综上所述，自《壮文方案》（草案）颁布60多年来，广西壮族自治区推行壮文工作取得了一定的成就，充分发挥了壮文在壮族群众生活中的政治、经济、文化、教育等一系列功能。但是，我们也看到，壮文与全国其他新创文字一样，自20世纪90年代以后在社会生活领域的应用呈逐渐回落之势。如今，随着经济社会的发展、语言环境的变迁，广西壮族地区推行壮文工作遇到了许多困

难，尤其是壮文推行的经济功能、教育功能受到了前所未有的挑战。在现有的境遇下，一方面，有关部门通过顶层设计，在升学考试、职称评定、择业就业等方面真正赋予壮语言文字应有的社会地位和价值，另一方面，更好地发挥壮文“能够完整而真实地传承壮族语言文化”这一文化功能，是壮文推行工作走出困境的路径选择。

第二章　广西中小学壮汉双语教育概述

第一节　广西中小学壮汉双语教育的发展

一、壮汉双语教育的界定

国际上，对双语教育从广义、狭义两个方面进行了界定。广义的双语教育是指在学校教育教学中使用两种语言进行非语言学科的教学，即在学校的部分或全部课程中，凡是使用两种语言作为教学媒介来教授非语言类学科的教学方式均称之为“双语教育”。狭义的双语教育是指在一个多民族国家中，主要以少数民族学生为教育对象，在学校教育中使用本民族语言和主流语言（国家通用语或各民族族际语）两种语言进行教育教学的活动。[①]

根据国际上对双语教育的定义以及广西壮族人民的语言使用情况、壮汉双语学校教育实际等，我们将从广义和狭义两个方面对壮汉双语教育进行界定。

（一）广义的壮汉双语教育

在广西壮族聚居地区，大多数儿童习得的第一语言是本地壮语

---

① 滕星主编：《教育人类学通论》，339～341页，北京，商务印书馆，2017。

方言。这些儿童在进入小学教育阶段的初期，为了能尽快学会用国家通用语（汉语普通话）学习科学文化知识，在一定程度上往往必须要借助本地壮语方言进行理解，这种现象不仅在壮汉双语学校，而且在普通类学校也非常普遍，受访的毕业于壮族地区普通类学校的学生都会提到他们“小学阶段教师常常用本地壮话（即壮语方言）进行辅助教学”的经历。

因此，本研究认为，从广义上讲，凡是使用国家通用语（汉语普通话）和壮语两种语言作为教学媒介来教授非语言类学科的学校教育活动都可称之为“壮汉双语教育”。

（二）狭义的壮汉双语教育

随着《壮文方案》（草案）颁布，壮语体系除了壮语方言之外，还增加了标准壮语。自从20世纪50年代末期壮文进校实验开始，壮汉双语学校统一要求用标准壮语作为课堂教学用语之一，帮助学生从本民族语过渡到能用国家通用语（汉语普通话）学习科学文化知识。

因此，从狭义上讲，壮汉双语教育是指在壮汉双语学校中使用标准壮语和国家通用语（汉语普通话）两种语言进行的教育教学活动。

本研究的“壮汉双语教育”主要使用其狭义的定义，对于广西中小学壮汉双语教育的研究对象也仅限于壮汉双语中小学。

二、广西中小学壮汉双语教育历史演变

伴随着壮文推行在“起、落、起、落、起”的“三起两落”中蹒跚前行，广西中小学壮汉双语教育经历了试验、停滞、恢复、调整、复兴等五个历史阶段。

（一）试验阶段（1957—1966年）

这一时期，广西推行壮文的工作重点是在壮族农村地区用壮文扫盲。壮汉双语教育工作主要是在壮族儿童不懂汉语或者懂比较少的汉语的壮族聚居区的小学进行壮语文教学试验，在武鸣、德保、龙津、柳城、平果、龙州、都安、宁明、凤山、东兰、那坡、武宣、象州等为数不多的县的小学开设壮文预备班或者增设壮语文课。

（二）停滞阶段（1967—1979年）

1966年5月，“文化大革命”开始，自治区民语委被撤销，工作人员被调离或者下放，壮文推行工作处于瘫痪状态，小学壮汉双语文教学试验被迫中断，壮汉双语教育工作停滞。

（三）恢复阶段（1980—1990年）

1980年5月，广西壮族自治区党委决定恢复壮文推行工作，除了壮族农村地区开展壮文扫盲工作之外，在小学继续开展壮语文试验。1981年在武鸣、德保开展小学壮语文试点教学工作。1983年3月，自治区语委、区民委、区教育厅决定扩大壮语文教学试点工作，先后在马山、上林、天等、大新、隆安、龙州、武鸣、德保、田东、田阳、靖西、那坡、田林、乐业、东兰、凤山、天峨、环江、来宾、忻城等22个县的小学开展壮语文试点教学工作。1986年开始，在武鸣、德保两个县的初中开展壮语文教学试验。之后，小学、初中壮文教学试验工作规模逐年扩大。

（四）调整阶段（1991—2009年）

1989年7月，广西壮族自治区壮文指导委员会召开会议，决定广西中小学壮语文试验工作由自治区语委移交自治区教委管理。从此，广西中小学壮汉双语教育工作的管理体制发生改变。1990年，自治区教委坚持从实际出发，确立量力而行的原则，压缩规模、调整布局，开展中小学壮语文教学试验的县由原来45个调整为22个。之后，一直到2009年，广西壮族自治区开展中小学壮汉双语教育的规模基本维持在24个县左右。

（五）复兴阶段（2010年至今）

2010年9月，广西壮族自治区人民政府印发《广西教育发展重点工程和体制改革试点总体方案》，将“加强壮汉双语教育”作为全区48个教育重点建设项目之一，提出要“科学合理地调整壮文学校布局，扩大壮汉双语教学规模”。从此，中小学壮汉双语教育工作进入了复兴时期。这一时期，不仅小学、初中壮汉双语教育的规模逐年扩大，而且自2013年开始举办高中壮汉双语教育，实现了壮汉双语教育在各个学习阶段的衔接。首次制定并颁发了《壮语文课程标准（试行）》，为中小学壮汉双语教师开展课堂教学提供了科学依据。根据各个学习阶段的实际情况，中小学出现了多种壮汉双语教学模式并存的格局，围绕中小学壮汉双语教育开展的课程建设、教材建设、教师队伍建设全面展开。

三、广西壮汉双语教育在中小学发展的基本情况

（一）小学阶段壮汉双语教育发展

1957年秋，在武鸣、龙津、柳城、平果4个县的7所小学中的8个一年级班试用壮文课本（语文、算术）进行试验教学。1959年7月20日，自治区党委批转自治区教育厅党组《关于壮族地区小学学习壮文的报告》。1959年10月29日，自治区教育厅转发中央

教育部《关于壮族聚居地区的小学设置壮文预备班的问题的批示》，要求各地贯彻执行。1960年1月，在武鸣、龙津、柳城、平果等4个县的部分小学开办壮文预备班8个班。1962年3月27日，自治区教育厅发文确定都安等7个县（自治县）为小学推行壮文重点县。至此，加上原来试点的武鸣、龙津、柳城、平果4个县，壮文进小学的县已增加到11个。1964年，有小学壮文预备班或增设壮语文课的县已经增加到14个，累计有1509个班，学生56668人。[①]“文化大革命”期间，小学推行壮文的工作停滞。

根据自治区党委提出的“积极稳步、有计划、有步骤地在壮族地区的农村、学校、机关推行使用壮文”的方针，“搞好重点、逐步铺开”的原则以及“进学校首先进小学为重点”的精神，1981年秋开始在武鸣、德保两个县的8所小学开办壮文教学试点班，招收一年级新生167名。期末考试中，这两个县的壮文试点班学生的单科成绩和平均成绩均高于同级的汉文班。由于壮文试点的教学效果良好，自治区决定在全区扩大小学试点规模。1983年7月2日，自治区人民政府批转自治区语委、民委、教育厅《关于在马山等22个县部分小学使用壮文教学试点和农村用壮文扫盲的报告》，提出在武鸣、德保两县小学试点的基础上，适当扩大试点规模。同年秋，武鸣、德保两个县扩展到每个公社开办3～5所小学一年级壮文试点班，其他20个县各开办3～5所小学一年级壮文试点班。[②]至此，小学壮文试点班发展到马山等22个县102个班，学生2387人。[③] 1984年，又在贵县的几所小学开办壮文试点班，全自治区有

---

① 广西壮族自治区地方志编纂委员会：《广西通志·民族志》，950～952页，南宁，广西人民出版社，2009。

② 广西壮族自治区地方志编纂委员会：《广西通志·教育志》，644页，南宁，广西人民出版社，1995。

③ 广西壮族自治区地方志编纂委员会：《广西通志·民族志》，953页，南宁，广西人民出版社，2009。

23个县、105所小学、502个班进行壮文试点，学生16000人。1985年，新增加19个县开办小学壮文试点班，全自治区有小学一年级至五年级壮文试点班643班，学生17170人。①

1986年秋，全自治区有45个县的小学招收了使用壮语文授课的一年级壮文试点班265班，学生8083人；二年级264班，学生8079人；三年级271班，学生6667人；四年级88班，学生1947人；五年级7班，学生164人。② 至此，全自治区有455所小学开办壮文试点班，共计895个班级，学生共计24940人。1986年，全自治区45个县部分小学开办壮文试点班，学生24938人。③ 同年，武鸣、德保两县共有156名小学生在壮文试点班毕业，他们的壮语文水平达到了原教育部颁布的教学大纲的要求，绝大部分学生的汉语文水平超过教学大纲对民族小学要求的水平，汉语文水平基本达到以汉语授课的同年级学生的水平，这是壮族有史以来使用自己的文字教育出来的第一代小学毕业生。④ 1987年，全自治区招收使用壮语文授课的小学一年级壮文试点班308班，学生8850人。⑤ 1988年，全自治区小学一年级壮文试点班招收新生7561名。⑥ 1989年，全自治区有壮文小学240所，在校生25045人。⑦ 1989年，据统计，全自治区小学壮文试点发展到45个县306所小学1071个班，学生30879人，其中学前班211个，在校学生6059人，已经毕业4届，

---

① 广西壮族自治区地方志编纂委员会：《广西通志·教育志》，644页，南宁，广西人民出版社，1995。

② 广西年鉴编辑部：《广西年鉴》，627页，南宁，广西年鉴社，1987。

③ 广西壮族自治区地方志编纂委员会：《广西通志·教育志》，644页，南宁，广西人民出版社，1995。

④ 广西年鉴编辑部：《广西年鉴》，627页，南宁，广西年鉴社，1987。

⑤ 广西年鉴编辑部：《广西年鉴》，482页，南宁，广西年鉴社，1988。

⑥ 广西年鉴编辑部：《广西年鉴》，554页，南宁，广西年鉴社，1989。

⑦ 广西壮族自治区地方志编纂委员会：《广西通志·教育志》，644页，南宁，广西人民出版社，1995。

学生 6098 人。[①]

1990 年起，自治区决定调整使用壮语文授课试点的规模，从 45 个县调整为 22 个县，壮文小学招收新生 3858 人。[②] 1991 年，全年壮文小学招收新生 3918 人，在校壮文小学 2.1 万人。[③] 1992 年，有壮文小学 93 所，在校生 20900 人。[④] 1994 年，全自治区有 107 所壮文小学校进行壮汉双语文教学实验。1995 年，全区 23 个壮族聚居县的 104 所小学继续开展壮汉双语文教学实验。1999 年，在 23 个壮族聚居县、107 所小学开展壮汉双语文教学实验。[⑤]

2001 年，壮文小学在校生 2.6 万人。2002 年，继续在 68 所小学进行壮汉双语教学实验。[⑥] 2003 年，年内继续在 23 个县的部分中、小学推行壮汉双语文教学，学生 2 万多人。[⑦] 2006 年，广西有民族学校 138 所，壮文实验小学 65 所。2008 年，24 个开展壮汉双语教学工作的县。[⑧] 2009 年，有 25 个县（市、区）、65 所小学，在校生 14283 人。[⑨] 2010 年，壮汉双语教育实验县（市、区）有 26 个，壮汉双语小学由 64 所。2013 年，壮汉双语教育实验县（市、区）有 35 个，壮汉双语小学有 112 所。2015 年，全自治区有 133 所小学、1122 班，学生 43743 人。2017 年，全区有壮汉双语小学

---

① 广西壮族自治区地方志编纂委员会：《广西通志 · 民族志》，956 页，南宁，广西人民出版社，2009。

② 广西年鉴编辑部：《广西年鉴》，420 页，南宁，广西年鉴社，1992。

③ 广西年鉴编辑部：《广西年鉴》，501 页，南宁，广西年鉴社，1992。

④ 广西壮族自治区地方志编纂委员会：《广西通志 · 教育志》，644 页，南宁，广西人民出版社，1995。

⑤ 广西壮族自治区人民政府：《广西年鉴》，322 页，南宁，广西年鉴社，2000。

⑥ 广西壮族自治区人民政府：《广西年鉴》，426 页，南宁，广西年鉴社，2003。

⑦ 广西壮族自治区人民政府：《广西年鉴》，512 页，南宁，广西年鉴社，2004。

⑧ 广西壮族自治区人民政府：《广西年鉴》，379 页，南宁，广西年鉴社，2009。

⑨ 韦兰明：《壮汉双语教育发展论》，24 页，南宁，广西民族出版社，2014。

181所、1463个班级，学生53379人。①

（二）初中阶段壮汉双语教育的发展

1986年秋，为了搞好小学与中学的衔接，武鸣、德保两个县各开办了以壮语文授课的民族中学，每个学校招收2个初中壮文试点班，共4个班级，学生156名。② 1987年，全区招收初中壮文试点班一年级4班，学生133人。③ 1988年，全自治区民族中学招收以壮文教材和壮语为主进行教学的初中一年级新生1058名。④ 1989年，招收初中新生2192人⑤，据统计，1989年，全自治区有壮文初中45所，在校生3060人⑥。

1990年秋，自治区对壮文初中的规模做了调整，以壮语文为主进行教学的民族中学由22所压缩到10所，壮文初中招收新生1190人。⑦ 1991年，全区壮文初中招收新生1440人，在校壮文初中学生4621人。⑧ 1992年，有壮文初中23所，在校生4600人。⑨ 1994年，全自治区有23所民族中学进行壮汉双语文教学实验，这些学校均具备了6～12个班的办学规模，如天等县民族实验学校具备了开办9个初中班的规模。

2006年，全区开展壮汉双语文教学实验有民族中学19所。

---

① 来自教育厅民教处的调研数据。

② 广西年鉴编辑部：《广西年鉴》，627页，南宁，广西年鉴社，1987。

③ 广西年鉴编辑部：《广西年鉴》，482页，南宁，广西年鉴社，1988。

④ 广西年鉴编辑部：《广西年鉴》，554页，南宁，广西年鉴社，1989。

⑤ 广西年鉴编辑部：《广西年鉴》，411页，南宁，广西年鉴社，1990。

⑥ 广西壮族自治区地方志编纂委员会：《广西通志·教育志》，644页，南宁，广西人民出版社，1995。

⑦ 广西年鉴编辑部：《广西年鉴》，419～420页，南宁，广西年鉴社，1992。

⑧ 广西年鉴编辑部：《广西年鉴》，501页，南宁，广西年鉴社，1992。

⑨ 广西壮族自治区地方志编纂委员会：《广西通志·教育志》，644页，南宁，广西人民出版社，1995。

2009年，有25个县（市、区）、23所壮文初中，在校生5884人。①2010年，壮汉双语初中有25所。2013年，壮汉双语初中增加到27所。2015年，全自治区有27所壮汉双语初中、707班，学生42973人。2017年，全区有壮汉双语初中29所、961个班级，学生55560人。②

（三）高中阶段壮汉双语教育的发展

1989年，武鸣县民族中学招收高中新生60人。③ 1990年2月22日，自治区人民政府印发《自治区壮文指导委员会第二次会议纪要》，指出："当前壮文推行仍处于试点阶段，要以进小学为重点，壮文初中只开设必修课，壮文高中暂不推行。"④

2012年12月，广西壮族自治区人民政府办公厅转发自治区教育厅等部门《关于进一步加强壮汉双语教育工作意见的通知》（桂政办发［2012］329号），《通知》指出："广西民族高中举办壮汉双语高中班，面向开展壮汉双语教育的县（市、区）定向招收在壮汉双语学校就读的壮汉双语学生。"根据《通知》的基本精神，广西民族高中自2013年秋季学期开始，开办壮汉双语高中班，每年招收120人，全部免费培养，并享受各类奖、助学金。在普通类班级开展《壮语文》选修课教学，并承接了广西教育科学"十二五"规划2013年度广西民族教育研究专项课题"广西普通高中开设《壮语文》选修课"的研究，推动了广西普通高中开设《壮语文》课程的发展。2014年，自治区教育厅决定实施高中壮语文选修课

① 韦兰明：《壮汉双语教育发展论》，24页，南宁，广西民族出版社，2014。

② 来自教育厅民教处的调研数据。

③ 广西年鉴编辑部：《广西年鉴》，411页，南宁，广西年鉴社，1990。

④ 广西壮族自治区地方志编纂委员会：《广西通志·民族志》，956页，南宁，广西人民出版社，2009。

教学模式实验，组织研究制定高中壮语文选修课实施办法。2015年年底，全自治区有3所高中、88班，学生6460人。截至2017年，全区有壮汉双语高中4所、196个班级，学生12601人。①

第二节 广西中小学壮汉双语教学模式演变

根据我国民汉双语教学模式的基本类型，本研究认为广西中小学壮汉双语教学模式先后出现了壮汉双语二类教学模式、壮汉双语一类教学模式、壮汉双语同步教学模式、高中壮语文选修课模式等，而且随着壮汉双语教育的不断完善和发展，必将出现更加多元的格局。

一、我国民族地区双语教学模式

我国民族地区中小学在长期的民汉双语教育实践中形成了三种基本的双语教学模式：一类模式、二类模式、三类模式。

（一）民汉双语一类教学模式

民汉双语一类教学模式是指除汉语文课程以外，学校开设的其他所有课程全部用民族语文授课的双语教学模式，也称之为“民族语文主导型”。这种模式适用于学生长期生活在母语环境的中小学，比如处于藏族牧区的学校。它既能充分发挥学生的母语在基础教育中的作用，同时又通过加授一门汉语文课程为学生今后与其他民族交流、升入普通类学校接受高等教育以及就业打下语言基础，使学

① 来自区教育厅民教处的调研数据。

生成为"民汉兼通"的双语、双文化人。

（二）民汉双语二类教学模式

民汉双语二类教学模式是指除民族语文课程以外，学校开设的其他所有课程全部用汉语文授课的双语教学模式，也称之为"汉语主导型"。这种模式适用于学生汉语基础较好的中小学，如民族地区城镇学校大都采取这种模式。它既能培养少数民族学生较强的汉语文能力，同时通过加授一门民族语文课程又能使学生掌握本民族语言文化，保证了学生"民汉兼通"。

（三）民汉双语三类教学模式

民汉双语三类教学模式是指同时开设汉语文和民族语文课程，其他课程一部分用民族语文讲授、一部分用汉语文讲授的双语教学模式，也称之为"民汉语文兼用型"。一般情况下，采用这种模式的大多数中小学用民族语文讲授文科课程、用汉语文讲授理科课程。朝鲜族、藏族、蒙古族等少数民族的学校都曾采用过这种双语教学模式。

二、广西中小学壮汉双语教学模式类型

资料显示，在壮汉双语教学实践探索过程中，广西中小学先后出现了四种壮汉双语教学模式，分别是壮汉双语二类教学模式、壮汉双语一类教学模式、壮汉双语同步教学模式、高中壮语文选修课模式。

（一）壮汉双语二类教学模式

壮汉双语二类教学模式出现于20世纪50年代末期，后来在两个时段较为盛行，第一个时间段是在60年代前半期，第二个时间

段是在2012年至今。特别是近些年来，这种教学模式得到大多数学校和教师的青睐。

1959年7月，广西壮族自治区党委批转教育厅、民族语言文字工作委员会党组《关于壮族地区小学学习壮文的报告》，提出为使壮族儿童掌握壮文工具，以适应壮族文化发展的需要，本着既可以使壮族儿童学会壮文，又能保证其汉文质量不致降低的原则，在壮族聚居地区的小学，学生不懂汉语或者懂汉语很少的，入学的第一年，进行壮文识字教学，学会壮文，能拼读拼写日常应用文。然后采用全国通用的汉文教材，按小学六年制教学计划进行教学。在1—4年级每周增设壮语文两课时。其他壮族地区的小学，在高小一、二年级，每周增设两课时的壮语文课。①

1963年1月，自治区教育厅、自治区民委联合在南宁召开全自治区民族教育工作及推行壮文会议。会议要求，小学推行壮文主要是在壮族儿童不懂或少懂汉语的壮族聚居地区学校进行，开预备班，学生学壮文一年，再转入学汉语课本。通过小学汉壮对照学习汉语文，加快学习汉文的速度。②

1990年，自治区对壮文初中的规模做了调整之后做出决定，保留的壮文初中只开设壮文必修课③，即明确规定了壮文初中选用壮汉双语二类教学模式，这种模式一直沿用至今。这意味着壮汉双语二类教学模式开始贯穿于整个义务教育阶段。

2012年，自治区教育厅在总结壮汉双语教育教学实践经验的基础上，决定在壮族聚居区义务教育阶段实施壮汉双语二类教学模

① 广西壮族自治区地方志编纂委员会:《广西通志·教育志》，643页，南宁，广西人民出版社，1995。

② 广西壮族自治区地方志编纂委员会:《广西通志·民族志》，951页，南宁，广西人民出版社，2009。

③ 广西壮族自治区地方志编纂委员会:《广西通志·民族志》，957页，南宁，广西人民出版社，2009。

式。这种模式的基本做法是：壮汉双语学校在新课程体系开齐、开足所有课程的前提下，增设一门《壮语文》必修课，《壮语文》课程可比国家课程适度提前开课。《壮语文》教材按照《壮语文课程标准（试行）》编写，主要内容反映壮族文化。《壮语文》用壮语授课，其他课程用汉语授课。

（二）壮汉双语一类教学模式

壮汉双语一类教学模式出现并盛行于20世纪80年代，该模式在小学低年级试点成功后，得到大力推广。由于在小学高年级的教学效果不甚理想，曾经一度被质疑，并被搁置。

1981年秋，自治区决定在武鸣、德保两县部分小学开办壮汉双语教学试点班，以壮文课为主，三年级以后开设汉文必修课，学制5年，将全国统编小学教材翻译成壮文课本。[①]

1983年3月19—21日，自治区在南宁联合召开推行使用壮文工作会议，会议指出，全区有14个壮汉双语一类教学模式试点班，学生总计366名。1982—1983学年第一学期期考考试成绩显著，壮语文及格率达到了85.8%，平均成绩78.4分；数学及格率82.5%，平均成绩71.8分。而同年级汉文班的汉语文及格率58%，平均成绩59.8分；数学及格率62%，平均成绩60.8分。[②]可以看出，不管是及格率还是平均成绩，壮汉双语一类教学模式试点班均高于汉文班。还有一部分汉文班成绩不理想的学生转到试点班后，不仅对学习有了更大的兴趣和热情，而且学习成绩大有长进。[③]由

① 广西壮族自治区地方志编纂委员会：《广西通志·教育志》，644页，南宁，广西人民出版社，1995。

② 广西壮族自治区少数民族语言文字工作委员会：《广西民族语文工作法律法规政策参考》，37页，南宁，广西民族出版社，2011。

③ 韦兰明：《壮汉双语教育发展论》，4页，南宁，广西民族出版社，2014。

于壮汉双语一类教学模式在小学低年级、小范围、小规模试点效果显著，广西壮族自治区决定适当扩大壮汉双语一类模式教学试点的规模。

1983 年 7 月，自治区人民政府批转区语委、民委、教育厅《关于在马山等 22 个县部分小学使用壮文教学试点和农村使用壮文扫盲的报告》（桂政发［1983］99 号）进一步明确了壮汉双语一类教学模式的含义，指出，壮汉双语教学试点学校在小学阶段以壮文教学为主，课本按照统编教材进行翻译。从 4 年级开设汉语文必修课，掌握汉语拼音，学会 2500 个左右的常用汉字，会组词造句。壮文教学高于汉文小学教学大纲的要求。①

虽然壮汉双语一类教学模式在小学低年级教学效果显著，但是由于试点班的汉语文课程开设较晚，致使高年级学生的汉语文成绩不甚理想，无论是期中考试还是期末考试都明显地落后于同年级汉文班学生的成绩。由于有一届试点班毕业生顺利考上初中的学生很少，极大地影响了家长送孩子就读壮汉双语一类模式教学试点班的积极性，学校开设试点班的意愿也大大降低。② 壮汉双语一类教学模式受到了广泛质疑，也影响了小学壮汉双语教育的发展，因此很快遭受了被淘汰的命运。

（三）壮汉双语同步教学模式

壮汉双语同步教学模式出现于 20 世纪 90 年代，后来在总结教学实践经验的基础上，经过不断改良和完善，一直沿用至今。

1984 年，贵县（现贵港市覃塘区）蒙公乡古山小学开展壮汉

① 广西壮族自治区少数民族语言文字工作委员会：《广西民族语文工作法律法规政策参考》，37 页，南宁，广西民族出版社，2011。

② 广西社科院：《广西民族地区发展报告》，52 页，南宁，广西人民出版社，2015。

双语教学实验，开始探索壮汉双语教学方法。1990 年，在总结古山小学壮汉双语教学工作经验的基础上，提出了“以壮为主、壮汉结合、以壮促汉、壮汉兼通”的壮汉双语教学思路，创建了壮汉双语同步教学模式。从 1991 年开始，陆续在武鸣、德保、横县、武宣、上林、马山等县（市、区）的壮汉双语小学推广应用。由于师资等原因，这种教学模式只在小学语文和数学两门学科教学中使用，其他学科尚未涉及。因此，壮汉双语同步教学模式包括壮汉双语文同步教学模式和壮汉双语数学同步教学模式两种。

1. 壮汉双语文同步教学模式

这种模式的基本做法是：壮语文、汉语文两门课程同步教学，汉语文课程的教材使用普通类 1—6 年级的《语文》教材，壮语文课程的教材同步翻译普通类 1—6 年级的《语文》课本。两门课程虽然语言文字不同，但是教材内容完全相同，并由同一名教师完成两门课程的教学，先用壮语壮文完成词义、段意、中心思想、文章结构、写作知识、壮语语法基本知识等环节的教学任务，再用汉语汉文完成汉语的字、词、句式和朗读教学等环节的教学任务。壮语文、汉语文两门课程的课时互相结合，通过同步教学互相促进，共同完成壮语文、汉语文的课程标准的要求，达到“壮汉兼通”的目的。

2. 壮汉双语数学同步教学模式

小学 1—3 年级主要使用壮文版的数学课本，用壮文授课；4—6 年级同时使用壮文版和汉文版的课本，用壮汉双语授课，侧重于用汉文版的数学课本，用汉语授课。

由于师资等问题，壮汉双语数学同步教学模式只进行了一段时间，壮汉双语同步教学模式后来仅在小学语文学科中进行，现在所说的壮汉双语同步教学模式已经完全等同于壮汉双语文同步教学模式。至于小学数学壮汉双语同步教学模式持续了多久时间，无从考证。但根据《广西通志·教育志》记载，1986 年武鸣县 4 所小学 92 名首届壮文试点班，毕业考试壮语文、壮文数学及格率 100%，汉语文及格率也达 82.8%。[①] 由此看来，说明至少完成了一届学生的培养。

2010 年，在总结壮汉双语小学语文教学实践经验的基础上，对壮汉双语同步教学模式进行了改进和完善，提出了“低年级大同步、中年级有同步、高年级小同步”的壮汉双语同步教学模式。“低年级大同步”是指在 1—2 年级按照完全相同内容的壮汉两种文字的课文，先壮文后汉文授课，壮汉课时相当。“中年级有同步”是指 3—4 年级壮文课时递减，只上精读课文，不上略读课文。“高年级小同步”是指 5—6 年级壮文课时再次递减，只上大部分精读课文，其他课文为学生自学或教师指导自学。

虽然壮汉双语同步教学模式在“以壮促汉”方面发挥着一定的作用，但是随着广西“推普”活动的开展、各种大众媒体走进千家万户等因素的影响，壮族地区的语言环境已经发生了很大的变化，很多教师认为这种教学模式教材内容完全同步，并没有涉及与壮族文化相关的内容，很难引起学生的兴趣，增加了学生的学习负担。而且壮汉双语同步教学模式要求壮语文、汉语文任课教师同步，对任课教师的要求较高，尤其是对任课教师的壮汉双语双文水平要求较高，因此推行起来难度大于壮汉双语二类教学模式。

（四）高中壮语文选修课模式

2012 年 1 月 9 日，广西壮族自治区人民政府办公厅发布了《广西普通高中课程改革实施方案》，方案明确指出：自 2012 年起实施普通高中课程改革，全部实施新的高中课程体系，新的课程体系将

---

① 广西壮族自治区地方志编纂委员会：《广西通志·教育志》，644 页，南宁，广西人民出版社，1995。

执行选课制和学分制，意味着普通高中新课程由必修和选修两部分构成，其中选修课为壮族学生学习壮语文知识提供了契机。2014年，自治区教育厅决定，在壮族地区或者壮族学生数量较多的普通高中开设《壮语文》选修课程，引导和鼓励高中学生选修《壮语文》课程，保护和传承壮族文化。

三、广西中小学壮汉双语教学模式的发展趋势

2016年4月，广西教育厅、民委、财政厅、人社厅、编办、民语委等六部门出台了《广西壮族自治区壮汉双语教育发展规划(2016—2020年)》[①]。《规划》指出要完善壮汉双语教学模式，具体做法如下：以壮语为主要交际语言的农村地区，大多数学生母语为壮语的学校，可采取壮汉双语同步教学模式，或在小学低年级起开设壮语文必修课程；汉语通行且壮汉兼用的农村地区，学生能用壮汉两种语言交流的学校，可在小学低年级起开设壮语文必修课程；汉语普遍通行而壮语只作家庭、族群用语的壮族地区，学生交际语言基本使用汉语而壮语使用少的学校，可在小学中高年级开设壮语文必修课或壮语文选修课，传承壮族语言文化；基本通行使用汉语的城镇，而壮族学生较多的学校，可开设壮语兴趣班、壮语山歌学习班、壮族文化课、壮剧表演课等，让学生了解壮族语文知识，传承壮族优秀文化；壮汉双语初中开设壮语文必修课，高中阶段学校可开设壮语文选修课。

可以预见的是，随着广西民族教育事业科学发展、壮汉双语教育工作积极稳妥开展，广西中小学壮汉双语教学模式将会呈现出多元化的格局，更加灵活、适宜。

---

① 广西壮族自治区教育厅：《2020年壮汉双语学校达300所、在校生达15万人，广西出台壮汉双语教育发展规划（2016—2020年）》，http：//www.gxedu.gov.cn/Item/13024.aspx，2016-04-26。

第三节 广西中小学壮汉双语教育的实施

在中小学壮汉双语教育实施过程中，自治区各级政府加强管理、组织壮汉双语教育研究、探索并选择适合的双语教学模式、建立评价体系，提供相应保障，使得壮汉双语教育取得了巨大的成效。

一、广西中小学壮汉双语教育管理

广西中小学壮汉双语教育管理先后隶属于不同机构的业务管理范围，根据管理者的不同，可以把壮汉双语教育管理分为两个阶段。

（一）第一阶段：自治区民委、语委管理（1957—1989 年）

20 世纪 90 年代以前，广西壮族自治区的壮文进校工作由自治区民委、语委管理，负责研究、统筹、规划、指导全区的壮文进校试点工作。1960 年，自治区语委发出《关于目前办好壮文预备班的工作意见》，在这个意见的指导下，当年全区在 4 个县的小学开办 8 个壮文预备班。1961 年 6 月，自治区民委、自治区教育厅发出《关于做好壮族地区小学开设壮文预备班准备工作的通知》，到 1962 年全区开展壮文预备班的县增加到 11 个。1983 年 8 月 14—19 日，自治区语委、民委、教育厅联合召开壮文工作会议，讨论在马山等 22 个县的部分小学中开展壮文试点教学的问题[1]，会上形成了

[1] 广西壮族自治区地方志编纂委员会：《广西通志 · 民族志》，953 页，南宁，广西人民出版社，2009。

重要决议，会后自治区人民政府批转了区语委、民委、教育厅《关于在马山等二十二个县部分小学使用壮文教学试点和农村使用壮文扫盲的报告》（桂政发［1983］99号），指出："在壮族地区的小学使用壮文教学，是推行壮文工作的重点。拟在武鸣、德保两个县的小学试点的基础上适当扩大规模，其他22个县每县开办三至五个小学一年级壮文试点班。使用壮文教学试点的目的，是要以壮文教学为主，小学毕业时，学生成绩不低于教育部颁布的小学教学大纲的要求。"

在自治区民委、语委的组织领导之下，不断总结壮文进小学试点的教学经验，有效推动了壮汉双语教育工作的顺利开展。1984年2月，自治区民委、语委、教育厅在南宁联合召开有南宁、柳州、百色、河池4个地区行署教育局和武鸣等22个县教育局、壮语委办公室、壮文学校等负责人参加的推行壮文工作会议，总结1983年推行壮文工作的做法和经验，安排今后的部署和做法，并到武鸣县庆乐小学参观使用壮文进行教学的做法和经验。1985年3月，自治区语委、自治区教育厅在南宁召开壮文工作会议。南宁、柳州、百色、河池、钦州5个地区行署教育局长、民语办主任和武鸣等53个县（市）的教育局长、民语办主任、壮文学校校长，以及广西民族学院、广西壮文学校和南宁、桂林、百色、巴马4所民族师范学校的领导和教师代表等参加了会议。会议进一步贯彻落实全区壮文工作会议精神，总结推行使用壮文的成绩、经验，特别是学校使用壮文教学的经验和存在问题，研究解决办法。1987年1月，自治区语委、自治区教育厅在德保县召开全区壮文工作现场会。有关地、市、县民语办、教育局、壮文学校负责人、部分壮文小学代表等出席会议，会议组织参观了几个小学试点的现场教学，重点讨论如何结合生产、科技进行壮文教学等问题。1988年1月，自治区语委、自治区教育厅在上林县召开全区小学壮文试点班教学经验交流会。1989 年 3 月，自治区语委在贵港市召开全自治区壮文小学毕业班教学工作会议。会上组织统考成绩较好的贵港、上林、平果、马山等县民语办介绍经验，并到贵港市古山小学进行现场观摩。1989 年 7 月，自治区语委召开武鸣、德保、贵港、上林、隆安、田阳、来宾、扶绥等 8 个县、市的 8 所小学领导、教师会议，总结交流壮文进小学的基本经验。会议总结得出壮文进小学的教学方针为“以壮为主、壮汉结合、以壮促汉、壮汉兼通”。①

与此同时，自治区民委、语委成立了专门的壮文教学研究机构，配备了教学研究人员，加强对壮汉双语教学的研究与指导，为科学开展壮文进小学试点工作、全面提高壮汉双语教学质量提供了重要保障。据统计，到 1987 年，全自治区有 41 个县建立了壮文教学研究机构，配套教研人员 214 人。②

（二）第二阶段：自治区教委管理（1990 年至今）

为了集中有限的人、财、物力，扎扎实实地开展壮文进校的试点工作，1990 年 2 月 22 日，广西壮族自治区人民政府印发自治区壮文指导委员会第二次会议纪要，指出：从 1990 年起改变管理体制，壮文进校工作转交自治区教委管理，由自治区教委行使有关行政管理职能；各级党政部门要加强对壮文进校试点工作的领导，列入议事日程，有关地、市、县相应成立领导小组。③

1990 年以后，广西壮族自治区逐渐形成了自治区、地（市）、县三级壮汉双语教育管理体制。按照壮文指导委员会第二次会议纪

---

① 广西壮族自治区地方志编纂委员会：《广西通志·民族志》，953～956 页，南宁，广西人民出版社，2009。

② 广西壮族自治区地方志编纂委员会：《广西通志·民族志》，955 页，南宁，广西人民出版社，2009。

③ 广西壮族自治区地方志编纂委员会：《广西通志·民族志》，956 页，南宁，广西人民出版社，2009。

要的精神，自治区教委（现教育厅）设立专门管理机构，设置民族双语教育管理办公室（前身为壮文推行办公室）、广西民族教育发展中心（前身为壮文教编教研室），负责壮汉双语教育管理工作，研究制定壮汉双语教育发展规划、重要政策措施、壮语文课程标准等，承担壮汉双语教材建设、教师培养培训等，指导全区开展壮汉双语教育实验任务，行使壮文进校的行政职能。部分开展壮汉双语的地、市级教育行政部门设立了相应的管理机构，部分地、市赋予相关部门的壮汉双语教育管理职责，落实分管领导和管理人员，统筹协调本地、市的壮汉双语教育工作。根据基础教育管理体制“分级办学、分层管理、以县为主”，县级教育行政部门作为组织实施壮汉双语教育的主体，承担开展壮汉双语教育实验的具体任务，明确分管领导的职责，配备管理人员、教研员等，负责管理和指导壮汉双语教育工作的开展。

广西各级教育行政部门贯彻落实自治区关于“积极、稳妥”的壮文推行工作方针，加强对壮文推行学校的管理和指导，促进该项工作深入开展。1992 年 11 月，自治区教委在武鸣县召开壮文进校实验工作会议，总结了前一阶段的工作，交流经验，布置任务，加强对实验工作的指导。① 1993 年，颁发《关于壮文进校实验工作的意见》，从教育管理、教学指导以及师资培训提高等方面提出了明确的规定和要求，使实验工作有章可循。1998 年，抓好教材修编、翻译和教学参考书编写工作，组织开展小学壮汉双语文教案和作文比赛，促进双语文教学水平提高。2000 年，在百色、河池两地区分片召开座谈会，以观摩考察形式，对这两个地区壮文学校教师及壮文进校管理人员进行集中学习、培训，提高他们的双语教学水平；加强对双语教学工作的指导，开展壮汉双语文教学优质课评比

① 广西壮族自治区人民政府：《广西年鉴》，498 页，南宁，广西年鉴社，1993。

活动。[①] 2008年，广西教育行政部门为了加强对壮汉双语文教学工作的管理和指导，组建壮汉双语文教学督导组，对自治区内100多所实行壮汉双语文教学的中小学校开展专项督查，指导壮文学校以“以壮为主、以壮促汉、壮汉结合、壮汉兼通”十六字方针开展壮汉双语教学。[②] 2011年，开展二类双语教学模式教学实验，研究制定壮汉双语教育二类模式实施办法，举办自治区壮汉双语教学优质课观摩活动、教师教学论文比赛、小学生壮文作文比赛、小学生讲壮语故事比赛等教研活动，形成以赛促研，以赛促教，赛研教相结合的壮汉双语教学教研新模式。[③] 2012年，自治区教育厅组织相关专家及中小学教师，研究制定了《壮语文课程标准（试行）》，结束了长期以来只有壮语文教材而缺乏壮语文教学指导性文件的尴尬局面，对壮汉双语教育进行了科学的定位，明确了壮语文教学的目标和任务，为提高壮语文教学质量奠定了基础。2014年，组织研究制定改进和完善同步教学模式实施办法、高中壮语文选修课实施办法。

2012年12月，广西壮族自治区人民政府办公厅转发自治区教育厅等部门《关于进一步加强壮汉双语教育工作意见的通知》（桂政办发［2012］329号），提出：“健全管理体制，进一步完善壮汉双语教育体系。各级教育行政部门按照分级办学、分级管理原则，切实把壮汉双语教育工作纳入本地区教育发展总体规划。自治区教育行政部门设立壮汉双语教育管理机构，开展壮汉双语教育的市、县级教育行政部门应设立相应的管理机构，落实分管领导和管理人员（壮汉双语教研员），统筹协调本市、县（市、区）壮汉双语教育工作，要重视壮汉双语学校领导班子建设，配备有管理经验、精

① 广西壮族自治区人民政府：《广西年鉴》，417页，南宁，广西年鉴社，2001。
② 广西壮族自治区人民政府：《广西年鉴》，379页，南宁，广西年鉴社，2009。
③ 广西壮族自治区人民政府：《广西年鉴》，327页，南宁，广西年鉴社，2012。

力充沛、具有较高政治素质和教学水平，并且热爱壮汉双语教育教学工作的人员担任壮汉双语学校校长。”之后，在自治区、市、县等三级教育行政部门的领导下，广西中小学壮汉双语学校的管理工作得到加强，部分学校形成了相对比较成熟的壮汉双语教学管理制度，如钦北区那蒙镇平福小学成立校长负责的领导小组，明确学校壮汉双语教学的发展方向和教学理念，在壮汉双语师资培训、壮汉双语教学情景、壮汉双语教学研究、壮汉双语教学实验等方面都做出了明确的规定。有个别学校在教学管理制度建设方面做出尝试，如武鸣区仙湖镇中桥小学在壮语课后增加作业和测试环节，严格要求教师批改作业并反馈给学生。教师的绩效工资上，该学校鼓励教师积极参加壮汉双语教学优质课竞赛并给予奖励。武鸣区太平镇庆乐小学将壮汉双语教学纳入正常的教学环节管理中，有壮汉双语教学的教研组长，每学期都有相应的考核和检查工作。

二、广西中小学选用的壮汉双语教学模式

截至目前，广西壮汉双语小学教学模式选择呈现两种双语教学模式并存的格局，初中阶段采用壮汉双语二类教学模式，高中阶段采用壮语文选修课模式。

（一）小学阶段选用的壮汉双语教学模式

目前，广西壮汉双语小学采用壮汉双语同步教学模式和壮汉双语二类教学模式两种模式，且以壮汉双语二类教学模式居多。截至2017年，全区181所壮汉双语小学中，共有119所小学实行壮汉双语二类教学模式，占总数的66%；共有62所小学实行壮汉双语同步教学模式，仅占到34%。也有个别小学以兴趣班的形式开展壮汉双语教学。

（二）初中阶段选用的壮汉双语教学模式

初中阶段选用壮汉双语二类教学模式，除了普通学科课程之外，增设《壮语文》课程，并将其作为一门必修课开设。在一些壮汉双语学校，由于受师资力量不足、学生壮语文水平参差不齐等客观条件的影响，未能全部开设《壮语文》必修课，而是采取举办壮文兴趣班的形式实施壮汉双语教育教学工作。

（三）高中阶段选用的壮汉双语教学模式

高中阶段采取壮语文选修课模式。《壮语文》课程作为众多选修课的其中一门课程开设，除了壮汉双语高中班的学生必须选修这门课程之外，其他的学生可以根据自己的兴趣爱好选择性修读。

三、壮汉双语教育研究

总体来看，壮汉双语教育研究包括对壮汉双语实验的研究、壮汉双语教学研讨、壮汉双语专项课题研究等几个方面。

（一）壮汉双语教育实验研究

20 世纪 80 年代开始，广西壮族自治区在壮汉双语教学实验中探索壮汉双语教学方法，提出了“以壮为主、壮汉结合、以壮促汉、壮汉兼通”的壮汉双语教学思路，通过研究创建了适合当时语言环境的同步教学模式，推动了壮汉双语教育的科学发展。在壮汉双语教学实验过程中，主管部门定期开展调研活动，如 1997 年，对壮文实验小学从学校领导、教师队伍、教学管理、教学质量、校园建设、勤工俭学、政府重视和群众支持等 7 个方面进行调研，摸清壮文进校实验情况，加强对壮文进校实验工作的管理和指导；2007 年，自治区教育厅对 23 所民族中学（壮文中学）、69 所壮文实验小学进行全面系统的调研[①]，及时反馈实验调整意见；2010年，在总结多年教学实验工作经验的基础上，改进和完善了壮汉双语教学模式；随着2012年秋季开始实施壮汉双语教育二类教学模式实验，展开对二类教学模式的研究。

（二）壮汉双语教学研讨

广西壮族自治区各有关市、县（区）建立了壮文教学研究机构，配备专职或兼职壮汉双语文教研员，专门研究解决中小学壮语文教学过程中出现的问题，在探索壮汉双语文教学规律、提高教学质量等方面取得一定的成果。除此之外，还通过各种形式开展教学研讨。

自治区教育厅每年组织壮汉双语教学研讨会。如1995年10月，召开全自治区壮汉双语文教学研讨会，对双语文教学经验进行系统总结，推动双语文教学活动向深层次发展。2014年5月、12月，分别在德保县、上林县举办壮汉双语教学研讨活动（南部方言区）、壮汉双语教学（北部方言区）研讨活动，开展壮汉双语教育实验县壮汉双语教研员、实施二类模式教学实验的壮汉双语小学（含学前班）壮语文骨干教师等参加，现场观摩壮汉双语教育二类模式教学示范课，并展开评课、研讨。2016年6月，在上林县举办全区中学壮汉双语教学观摩研讨教学活动，在观摩壮语文课的基础上开展评课、教学研讨活动，讨论了《初中壮语文课程标准（讨论稿）》。

各县及壮汉双语实验学校也开展各种教研活动，探讨壮汉双语文教学规律。具体有以下几种形式：县（区）级教研活动。如隆安县的荣和光彩小学、那桐镇那门小学，田阳县那坡镇百峰小学、百

① 广西壮族自治区人民政府：《广西年鉴》，462页，南宁，广西年鉴社，2007。

育镇百育小学，田林县旧州镇板坚小学、利周瑶族乡中心校，乐业县新化镇中心小学、同乐镇平寨小学、九利小学等学校的教师均表示，每年参加县里组织的公开课及教学竞赛活动；联片教研，如贵港市覃塘区蒙公乡中心小学每年不定期地开展联片教研活动；校际交流，横县平马镇中心学校每个学期开展一次两个学校的交流活动、上课评价；校本教研，主要在校内开展教研组讨论活动、课堂观摩研讨，集体备课等。同时通过同伴互助的方式开展教研，如武鸣区太平镇中桥小学由教研组里的老教师与一些非专业的年轻壮语老师进行教学经验交流。

（三）壮汉双语课题研究

近年来，通过各级课题立项开展壮汉双语教育教学的专题研究。如 2002 年，广西壮汉双语教学研究课题被列为国家科研重点课题，壮汉双语教学法研究课题被列为自治区重点研究课题。[①] 目前，参与壮汉双语教育的课题研究工作的有自治区教育厅及县级教育行政部门、自治区民语委、广西民族大学、广西师范学院、自治区中小学等机构，形成了由教育行政部门、研究机构、高等院校、中小学一线共同参与的研究共同体。

关于壮汉双语教育课题研究，自治区教育厅承担的任务有壮汉双语教育二类模式实验研究、壮汉双语教育创新与实践研究、壮汉双语教育模式与壮语文课程标准研究、壮族地区语言环境与双语教育模式研究、广西壮汉双语教师激励机制研究、基于个性化培养的壮汉双语教师专业成长研究等；自治区民语委承担壮文教育史研究；广西民族大学完成或在研的课题有壮族中小学生学习能力提高策略研究、壮汉双语教育与壮族儿童智力发展关系研究、壮汉双语

① 广西壮族自治区人民政府：《广西年鉴》，426 页，南宁，广西年鉴社，2003。

儿童汉字认知规律与教学促进策略研究、壮汉双语师资教学能力结构与培养研究、壮汉双语儿童汉语文学习能力影响因素与对策研究、壮汉双语师资培训模式创新研究、广西壮族聚居区中小学校壮汉双语教学效果评估体系研究、广西壮汉双语与加拿大双语教育模式对比研究、壮汉双语教育模式创新研究、壮族地区开展母语（壮语）教学实施效果研究、合作课堂视野下的壮汉双语教学模式等；广西师范学院获得立项的课题有广西壮汉双语课程开发与应用研究、广西壮汉双语课堂教学模式的构建、广西壮汉双语教师专业发展平台的构建、体验学习方式在壮汉双语课堂教学中的语用研究、广西壮汉双语学校学生适应性研究、农村小学壮汉双语教师定向免费培养的研究与实践、专科小学教育专业壮汉双语教育壮语文教材的创新与实践研究、壮汉双语教师有效课堂教学能力提升研究、壮汉双语教育师范生语言能力提升途经研究等；县级教育行政部门主持的课题有上林习俗与壮汉双语教学相融合的探究（上林县教育局）、在壮汉双语教学中渗透青秀区本土民族文化传承教育的研究（南宁市青秀区教育局）等；中小学校承担的课题研究任务有马山县壮汉双语与民族文化教育实践研究（马山县白山镇合作小学）、农村小学生壮汉双语自主习作研究（环江毛南族自治县思恩镇中心小学）、壮汉双语教学对壮族学生汉语文习得帮助研究（蒙公民族中学）、利用壮文报刊提高壮族学生壮语文写作水平的研究（上林县民族中学）、广西普通高中开设《壮语文》选修课研究（广西民族高中）等。

四、壮汉双语教育评价

对于壮汉双语教育教学评价，主要通过壮语文科学业测试、统一考试、每月测试、随机测试等方式进行。其中，壮语文科学业测试已成为壮汉双语教学质量的一种常规监测手段。

（一）壮语文科学业测试

为加强壮汉双语教学评价工作，检测壮汉双语教学效果，自治区教育厅每年对全区壮汉双语小学三年级和六年级学生进行壮语文科学业测试。如 2000 年，参加壮语文测试的壮汉双语教学实验小学毕业生 3300 名，平均及格率 87.7%①；2009 年，有 24 个县的 3000 多名小学毕业生参加壮语文科学业测试②；2017 年全区参加壮语文科学业测试的学生共有 9120 人，其中三年级参考人数为 5720 人、六年级参考人数为 3400 人。壮语文科学业测试由广西民族教育发展中心统一编制试卷，各有关县（市、区）教育局负责组织测试，并将本县（市、区）测试质量分析报告、《壮汉双语小学毕业班壮语文科测试成绩分析表》等报送广西民族教育发展中心，在此基础上研究分析全区双语教学工作情况，及时指导教学改革，促进壮汉双语教育科学发展，进一步建立完善健全双语教育评价体系。

（二）统一考试

部分学校对学生壮汉双语的学习效果的评价，采用统一考试的方式进行，一年进行一次壮汉双语的考试，用壮语文完成教师命题、阅卷等工作。在统一考试的基础上对本校的壮汉双语教学工作进行全面反思，为新的阶段搞好壮汉双语教学工作提供规划的依据。

除此之外，部分学校采取每个月对学生进行一次测试的方式，部分学校还采用随机测试的方式对壮汉双语教学的效果进行检测。

---

① 广西壮族自治区人民政府:《广西年鉴》, 417 页，南宁，广西年鉴社，2001。

② 广西壮族自治区人民政府:《广西年鉴》, 387 页，南宁，广西年鉴社，2010。

五、壮汉双语教育保障

多年来，经费支持以及壮文教材教辅的编译与出版为壮汉双语教育的开展提供了前提条件和物质保障。

（一）壮汉双语教育经费支持

经费是开展壮汉双语教育的基础条件和物质保障。广西中小学壮汉双语教育经费主要来源于中央拨款和广西本级财政。据记载，自治区民语委从1980年到1985年拨给壮文教育经费1699万元，其中中央拨款800万元。[①]

除中央拨款外，广西壮族自治区本级财政设立民族双语教育专项经费，用于支持开展壮汉双语教育工作，并根据全区壮汉双语教育发展的规模逐年增加。如广西本级财政安排专项经费支持各地开展壮汉双语教育工作。如2012年，广西本级财政安排壮汉双语教育专项经费670万元，比2011年增加了256万元，同比增长61.8%；2013年，广西本级财政安排专项经费1000万元，比2012年增加了330万元，增长49.25%。[②]

广西壮族自治区非常重视壮汉双语教育经费的管理，保证做到专款专用。1993年，自治区对壮文进校实验经费的使用办法进行调整，重新核定了壮文初中（民族中学）、壮文学前班教师及中小学生经费补助的额度，列入有关县（市）教育经费包干基数。2008年，自治区财政厅、教育厅联合印发《壮文专项补助资金管理暂行办法》，加强壮文专项补助资金使用管理。[③] 这些经费下拨到各中

① 广西壮族自治区地方志编纂委员会：《广西通志·教育志》，651页，南宁，广西人民出版社，1995。

② 摘自调研资料。

③ 广西壮族自治区人民政府：《广西年鉴》，379页，南宁，广西年鉴社，2009。

小学作为壮汉双语教学的专项经费，主要用于购置教育教学设备，或者对现有设备进行升级改造，改善办学条件，以及支付壮汉双语教学教研活动、教师培训、教材建设等必要的费用。如某校长说："我们学校每年有15万元的专项资金，中心校8万元，两个教学点共7万元。有的学校每年有30万元的专项资金，有的规模较大一些的学校更多一些。都是用来组织其他学校参观、自己组织的教师培训、学生活动、投资教学设备、购置体育器材，专项专用。"

（二）编译、出版壮文教材教辅

壮汉双语同步教学模式的《壮语文》教材是同步翻译普通类1—6年级的《语文》教材，壮汉双语二类教学模式选用广西民族出版社出版的《快乐壮文》教材。除此之外，还有《三月三》（壮文版）、《广西民族报》（壮文版）以及《红旗飘飘》、《西游记》、《敌后武工队》、《中国少数民族故事》等的壮文连环画，方便学生进行壮语学习。截至目前，已正式出版发行壮语文教材130种、课外读物30种、教师用书26种、电子音像教材2种。①

1991年，自治区组织力量重新编译、出版了小学1—5年级的语文、数学和初中壮文必修课教材共30种，提高教材的质量，保证了实验工作的需要；② 1992年，组织力量、编译、修改壮文中小学教材32册，编写课外读物2册；③ 1993年，编译出版了壮文五年制小学、初中、中师教材16种13.69万册，课外读物2种2万册，音像教材4种63盒；1995年，全年编印小学至中师壮文教材26种；1999年，编译、修编一批教材及教学参考书，其中初中

---

① 摘自调研资料。

② 广西壮族自治区人民政府：《广西年鉴》，501页，南宁，广西年鉴社，1992。

③ 广西壮族自治区人民政府：《广西年鉴》，497～498页，南宁，广西年鉴社，1993。

《壮语文基础知识》获教育部二等奖，小学《语文》第九册、第十一册获三等奖；① 2000 年，编写壮汉双语教学参考书、修订壮文教材共 11 种；② 2002 年，编译全国新编统编小学教材 2—6 册语文、数学两门主科教材和教科书；③ 2007 年，编译出版小学壮文教材 26 种；④ 2009 年，上半年编译出版发行的壮文教材有 4 个版本共 16 种，组织专家学者编译《红旗飘飘》、《西游记》、《敌后武工队》等 76 种壮文连环画出版；⑤ 2010 年，编译 4 个版本 33 种壮文教材及《中国少数民族故事》、《中国古代戏曲故事》、《外国民间故事》等 30 种壮文连环画；⑥ 2011 年，编译出两个版本 29 种壮文教材，以及《壮汉双语文说课案例》等教研图书；⑦ 2012 年，编译适合壮汉双语教学模式需要的双语教材 60 种，组织摄制教育文献纪录片《壮文》，并于 11 月 16 日出版发行。⑧

广西壮族自治区推行壮文工作 60 年来，壮汉双语中小学的教育教学工作取得了巨大的成效。一方面，壮汉双语学校的教学质量逐年提高。据记载，1989 年，全区 3064 名壮文小学毕业生参加当地升初中统考，壮语文、数学、汉语文的及格率分别比上年提高 23. 38、24. 9、56. 9 个百分点；⑨ 1994 年，全区壮文小学毕业班壮语文统一命题考试的及格率为 81. 3%，比上年提高 6. 9 个百分点，平均分 70. 05 分，比上年提高 5. 11 分；1999 年，全区壮文小学毕

① 广西壮族自治区人民政府：《广西年鉴》，322 页，南宁，广西年鉴社，2000。
② 广西壮族自治区人民政府：《广西年鉴》，417 页，南宁，广西年鉴社，2001。
③ 广西壮族自治区人民政府：《广西年鉴》，426 页，南宁，广西年鉴社，2003。
④ 广西壮族自治区人民政府：《广西年鉴》，462 页，南宁，广西年鉴社，2007。
⑤ 广西壮族自治区人民政府：《广西年鉴》，387 页，南宁，广西年鉴社，2010。
⑥ 广西壮族自治区人民政府：《广西年鉴》，303 页，南宁，广西年鉴社，2011。
⑦ 广西壮族自治区人民政府：《广西年鉴》，327 页，南宁，广西年鉴社，2012。
⑧ 广西壮族自治区人民政府：《广西年鉴》，299 页，南宁，广西年鉴社，2013。
⑨ 广西年鉴编辑部：《广西年鉴》，411 页，南宁，广西年鉴社，1990。

业班壮语文科统一考试及格率91.2%，优秀率53.1%；[①] 2002年，开展壮文实验学校毕业生壮语文统一测试，学生壮语文水平均成绩78.5分，优秀率68%。[②] 另一方面，大部分壮汉双语学校的教学质量高于同类普通学校。如1994年，全自治区壮文实验小学升学率78%，比上年提高3个百分点，其中，天等县民族实验学校应届毕业生升学率93.8%，名列全县第一。贵港市4所壮文实验小学应届毕业生升初中考试，汉语文及格率99%，升学率98%。绝大部分实验学校的教学质量高于当地同类汉文学校；1995年，绝大部分壮文实验小学在升初中考试中，语文、数学双科合格率高于当地同类汉文学校。

第四节　广西中小学壮汉双语教育发展的主要特征及基本趋势

一、广西中小学壮汉双语教育的基本特征

中小学壮汉双语教育是广西推行壮文的主要途径之一，规模呈增长趋势，且以小学为主阵地。

（一）中小学壮汉双语教育是广西推行壮文的主要途径之一

《壮文方案》颁布以来，中小学壮汉双语教育是广西推行壮文的主要途径之一，尤其是20世纪90年代以后，中小学壮汉双语教育成为了系统学习壮文的最主要途径。

---

① 广西壮族自治区人民政府：《广西年鉴》，322页，南宁，广西年鉴社，2000。

② 广西壮族自治区人民政府：《广西年鉴》，426页，南宁，广西年鉴社，2003。

通过对壮文推行的基本途径的发展及规模的研究发现，在20世纪50—80年代，通过农村地区壮文扫盲系统学习壮文的人数最多。据记载，1958—1960年，学习壮文的群众达290多万人，其中达到脱盲水平的有70多万人，有120多万人学会了声、韵、调和简单的拼写、造句；[①] 1986年，农村壮文扫盲参加学习人数达50多万人，其中25万多人达到了脱盲的标准。[②] 而同一时期中小学壮汉双语教育的规模相对较小，据记载，1964年，小学壮汉双语教育学生共计56668人；[③] 1986年，全自治区中小学壮汉双语学校共有小学生24940人、初中生156名，共计25096人。[④] 但是，1988年以后壮族地区农村使用壮文进行扫盲被迫停止[⑤]，1990年以后中小学壮汉双语教育的规模虽有调整，但是整体上呈上升趋势。

20世纪90年代以后，自治区民语委开办农民学壮文学科技培训班、壮族歌王歌师学壮文培训班，壮文写作培训班等。至今，学壮文学科技培训班共培训农民3000人左右，共有300多名壮族歌王歌师参加学壮文培训班，230多人参加了培训壮文写作培训班。目前，全区中小学壮汉双语学校有小学生53379人、初中生55560人、高中生12601人，共计121540人。[⑥] 因此，从目前的情形来看，中小学壮汉双语教育在广西推行壮文过程中发挥着举足轻重的作用。

---

① 广西壮族自治区地方志编纂委员会：《广西通志·少数民族语言志》，778页，南宁，广西人民出版社，2000。

② 广西壮族自治区地方志编纂委员会：《广西通志·民族志》，953～954页，南宁，广西人民出版社，2009。

③ 广西壮族自治区地方志编纂委员会：《广西通志·民族志》，952页，南宁，广西人民出版社，2009。

④ 广西年鉴编辑部：《广西年鉴》，627页，南宁，广西年鉴社，1987。

⑤ 广西年鉴编辑部：《广西年鉴》，554页，南宁，广西年鉴社，1989。

⑥ 来自教育厅民教处的调研数据。

（二）中小学壮汉双语教育规模整体上呈增长趋势

根据文献记载及调研资料，本研究对能够同时记载小学、初中、高中壮汉双语教育人数的年份进行了统计（见表2－1），结果表明：从整体上看，随着20世纪80年代广西壮族自治区恢复推行壮文，广西中小学壮汉双语教育发展的规模呈增长趋势（见图2－1），尤其是2015年至今，中小学壮汉双语教育规模发展比较迅速。2016年4月，广西教育厅、民委、财政厅、人社厅、编办、民语委等六部门出台了《广西壮族自治区壮汉双语教育发展规划（2016—2020年）》，提出“到2020年，全区实施壮汉双语教育的中小学校达到300所以上，在校学生达到15万人以上”①。

表2－1　广西中小学壮汉双语教育人数统计（部分年份）

年份	1981	1983	1984	1985	1986	1987	1989	1991	1992	2009	2015	2017
人数	167	2387	16000	17170	25096	27140	33999	25621	25500	20167	93176	121540

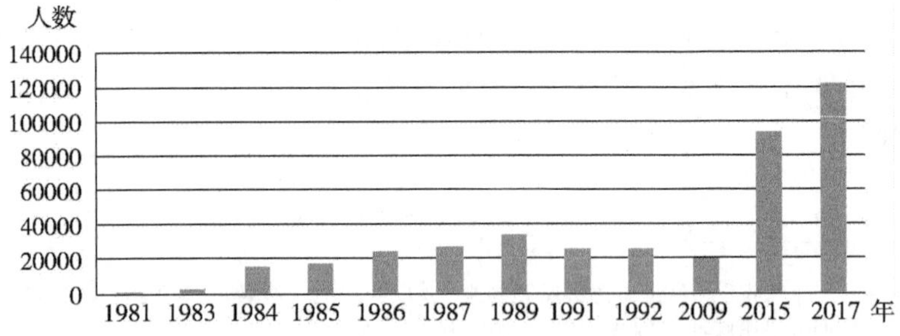

图2－1　广西中小学壮汉双语教育人数变化趋势

① 广西壮族自治区教育厅：《2020年壮汉双语学校达300所、在校生达15万人，广西出台壮汉双语教育发展规划（2016—2020年）》，http：//www.gxedu.gov.cn/Item/13024.aspx，2016－04－26。

（三）《壮语文》开课年级及教学时数安排参差不齐

目前，自治区壮汉双语中小学根据不同的地域、不同学校、不同学段、不同年级，开课年级及教学时数的安排均有不同。

小学阶段的《壮语文》课程开课年级因地域、学校不同而有所区别，如南宁市青秀区长塘镇中心学校在2—6年级开设，钦北区那蒙镇碰上小学在1—6年级开设。还有一些学校开办壮汉双语起步较晚，目前仅在1—3年级开设《壮语文》。还有一些学校尝试只在某一个年级开设《壮语文》课程，如忻城县的红渡镇中心小学和马蹄小学是新办的壮汉双语学校，仅在2年级开课；忻城县古蓬镇中心小学是办学较早的壮汉双语学校，目前仅在4年级开课。小学阶段《壮语文》的教学时数，一般在不同的县（区）的安排有所不同，如南宁市青秀区长塘镇中心学校每班1节/周，钦北区那蒙镇碰上小学每班2节/周，横县石塘镇潘六小学每班4节/周，马山县白山镇合作小学1—4年级安排2节/周，5—6年级安排1节/周。即使在同一个乡镇《壮语文》课程的教学时数也有所不同，如环江毛南族自治县思恩镇的人和小学1—3年级安排4节/周、4—6年级安排2节/周，而西南小学1—2年级安排4节/周、3—4年级安排3节/周、5—6年级安排2节/周。

初中阶段的开课年级根据生源情况有四种形式：第一种是壮汉双语学生比例较高的学校，面向全校所有班级，在初一年级、初二年级的上学期开设《壮语文》课；第二种是壮汉双语学生比例较低的学校，将所有毕业于壮汉双语小学的学生以单独编班的形式，仅在初一年级开设《壮语文》必修课；第三种是以兴趣班的形式开课，根据学生的兴趣爱好选择性修读；第四种是只在全校的初一年级选择个别几个班开展《壮语文》教学。高中阶段一般在高一年级下学期、高二年级上学期开设《壮语文》课程，供学生们选修。初中阶段、高中阶段的《壮语文》课的教学时数安排均为2节/周，有个别学校因为师资力量有限，《壮语文》课每周仅安排1节。

（四）中小学壮汉双语教育以小学为主阵地，中学阶段的实际规模较小

文献资料显示，在20世纪五六十年代广西壮汉双语教育主要在小学阶段进行。据记载，截至1964年，广西壮汉双语小学累计学生56668人。① 1980年恢复推行壮文也首先是从小学阶段开始，后来分别在1986年、1989年开始初中、高中壮汉双语教育，且规模较小。所以，从纵向发展的角度来看，广西开展中小学壮汉双语教育以小学为主阵地（见图2-2）。

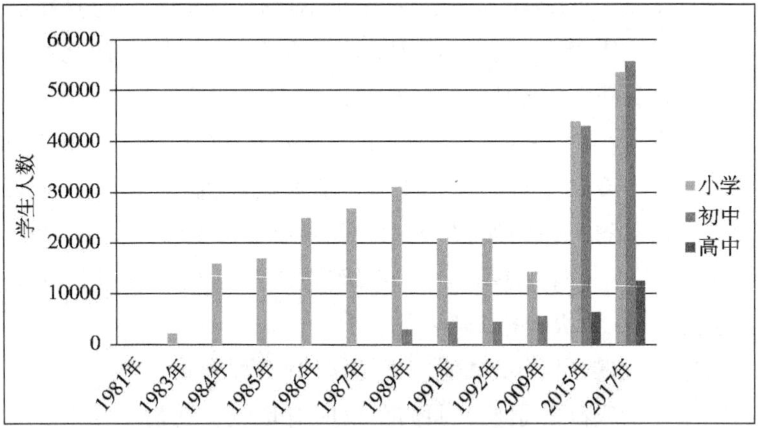

图2-2　广西中小学壮汉双语教育人数分布

目前，官方统计的数据显示，截至2017年，广西壮族自治区

① 广西壮族自治区地方志编纂委员会：《广西通志·民族志》，952页，南宁，广西人民出版社，2009。

壮汉双语小学在校学生共有 53379 人、壮汉双语初中在校学生共有 55560 人、壮汉双语高中在校学生共有 12601 人。由此可见，壮汉双语初中和高中的学生总数远远大于壮汉双语小学的学生人数，但是在中学阶段，由于有些学校只在某个年级开设《壮语文》课程，有些学校只在某个年级的个别班级开设，有些学校以兴趣班的形式开设，所以，中学阶段开设《壮语文》课的实际人数少于这个统计数字。在一次壮汉双语教育研修的座谈会上，一位长期从事壮汉双语教研工作的教师说："有些学校在 1998 年以前初一到初三的学生都上壮文课，1998 年以后主要在初一年级上壮文课。"某民族中学的教师说："我们学校并没有面向全校学生开设《壮语文》课，而是在学校里的初一年级选几个班开设，比如，去年全校共有 22 个班，是在初一（年级）选了 4 个班，今年也是在初一（年级）选了 4 个班。"另一所民族中学的教师说："我们学校有 2000 多个学生，上壮文课的学生只有 300 多个，只有 6 个班。"某民族中学的教师说："我们学校是以兴趣班的形式开展（壮汉双语教学），开展得很不正常。一般情况下，刚开学时学生比较感兴趣，参加的人数还比较多，但慢慢地作业多了，学习负担重了，他们就不来了，最后就不了了之。"另一个民族中学教师说："我们学校一直都是以兴趣班的形式开展壮汉双语教学，今年学校领导才开始打算开设壮语文课，目前全校只有两个班，一个班 30 人左右。"一位民族高中负责人说："我们学校《壮语文》选修课主要在高一下学期、高二上学期开设，每学期选修《壮语文》课的学生人数大概在 130 ~ 150 人之间。"另外有两所壮汉双语高中的教务主任说："我们虽然取得了壮汉双语高中的身份，但是到目前为止还没有正式开课。"所以，从当前开展壮汉双语教育的学校的开课情况来看，仍然是小学阶段的双语教育人数占绝大多数。

因此，从纵向、横向两个方面来看，广西中小学壮汉双语教育都是以小学阶段为主阵地，中学阶段的实际规模较小。

（五）中小学壮汉双语教育与壮族文化传承的结合不够紧密

中小学壮汉双语教育不仅是壮汉两种文字的教育，同时也是壮汉两种文化的教育。但是，从整体上来看，广西中小学壮汉双语教育比较重视壮语文教学的工具性作用，即壮语文教学作为“拐棍”向汉语普通话教学的“过渡”作用，而忽视了壮汉双语教育的文化传承功能，具体表现在壮语文的课堂教学与壮族传统文化联系不够紧密。一方面，实施壮汉双语同步教学模式的小学，由于其教材内容与普通类学校完全同步，壮汉双语教学以传递汉族文化为主，课堂教学用壮语言文字讲述汉族文化，缺乏壮族文化底蕴和文化审视角度，壮语文教学与壮族文化教育脱节，其民族文化传承功能难以充分发挥。另一方面，实施壮汉双语二类教学模式的学校，虽然教材内容以壮族社会的生产生活经验以及壮族优秀的传统文化为主，但是有教师反映：“因为课时有限，再加上壮文声母、韵母及声调的复杂性，基本上课堂上所有的时间都用来给学生一遍又一遍地教习壮语言文字的拼读，很少有时间开展与壮族传统文化有关的教学活动。”同时，壮汉双语初中的一些教师反映，在壮语文课程教学方面，“每周也就安排一两节，由于学生的壮文基础参差不齐，所以在课堂上主要教一些关于声母、韵母以及声调的知识，还有一些简单的对话，除此之外，不再涉及其他的内容”。据一些壮汉双语教研员反映，目前壮汉双语中小学结合当地的文化资源，主要通过校园文化建设开展壮族文化传承活动，如“每年都用土话唱山歌比赛”、“开展壮文化社团活动，如音乐、舞蹈、茶艺等”。但校园文化建设活动与壮语文学习没有太多的关联，某壮汉双语教研员说：“虽然校园文化建设也开展了一些，但是总体上感觉壮汉双语中小学对民族传统文化有些模糊，都不知道该怎么开展。希望能够编写一套教材出来，同时能请相关专家给予指导。”

二、当前开展中小学壮汉双语教育存在的困难

（一）壮语言文字在社会应用中体现不出应有的地位和价值，中小学壮汉双语教育的认可度低

据了解，一直以来，中小学壮汉双语教育的认可度与壮语言文字的地位和价值有着直接的关系。某县壮汉双语教研员如是说：

> 1984—1993 年，这个阶段壮校（注：指广西壮文学校）每年都在每个县招几个学生，1994—1998 年招的人数就更加多了，这两个时期家长是特别支持的，因为村里有好多孩子去那里读书，他们看得到，回来能够改变他们孩子的命运。自从壮校不招了之后，尤其是 2004—2013 年这个时期我们中小学开展壮汉双语教学是非常艰难的，农民的意识就是这样，能够给他利益或者能够改变他孩子的命运的事情他就支持。从 2013 年开始，教育厅搞（小学壮汉双语教师）定向培养，家长又看到了希望，态度似乎又有一些改变，特别是今年广西师院定向招生给我们这边有 10 个名额，一下子就有 30 个孩子报名，从今年开始影响力就起来了。

可以看出，自 20 世纪八九十年代至 21 世纪初，壮语言文字在社会应用中具有一定的声望，尤其是在招生、分配等方面让家长看到了壮语言文字的地位和价值。但是近年来，随着一些学校的壮文专业停招，再加上就业实行市场选择、不包分配以后，以及在职务

升迁、职称评定等方面没能给壮语言文字赋予应有的价值和地位，壮语言文字在广大群众的社会生活中声望降低，家长们不支持甚至反对中小学开展壮汉双语教育。某民族中学校长说：“上个世纪90年代到2000年，我们学校也曾经轰轰烈烈开展过壮汉双语教育活动，我们的学生因为学习壮文成为国家干部，每年都出去十几个二十个，当时家长非常支持，但是现在学了壮文也不包分配，家长们都不支持孩子学壮文。”也有教师反映：“我们的学生家长都认为：我们本来就是讲壮话的地区，讲普通话时夹壮语的现象比较严重，应该推广普通话，让我们壮族地区的普通话讲得更好，不至于让我们的孩子出去把普通话讲成‘不通话’，所以对壮汉双语教学的认可度不高。”甚至有教师经历这样的遭遇：“我是一个壮文老师，学生上第一节课的时候都要问他们为什么学习壮文，学习壮文对他们有什么好处。我的学生家长经常对我说：‘能不能不要让你的壮文课占用我小孩的学习时间?’让我很尴尬。”

正如长期关注壮汉双语教育的某专家所分析的那样：

> 在20世纪八九十年代，壮文与外语有同等的重要地位，很显然，赋予了这个壮语言文字应有的地位和价值，学生学了壮文之后，家长能看到希望。但是现在，学生学了壮文没有好处，家长是很现实的，人的学习时间是固定的，学汉语、学英语都很困难了，再学一个壮语不是很浪费时间吗？所以，在目前这种情形下，中小学壮汉双语教育的认可度低是必然的。

（二）中小学教育体系现有的评价导向，导致壮语文教学在壮汉双语中小学不受重视

目前，广西壮族自治区壮汉双语中小学无论在升学考试还是在

教学质量管理中都实行与普通中小学同样的评价体系，完全将壮语文排除在评价指标之外，这样，导致了壮语文教学在中小学并没有受到重视。一方面，在自治区小升初、中考、高考等升学考试中，均与壮文没有直接关系，所以在壮汉双语中小学，不管是从学校的角度还是从教师的角度，壮语文的教学都得不到足够的重视，一位教师说："中考高考都是汉文试卷，没有壮文试卷，那我们为了提高学生成绩，只能加强汉语文学习，这样就自然而然地忽略了壮语文教学。"另一方面，各级教育行政部门衡量一所学校的教学质量普遍以全县统考的语、数、外、理、化、生等主科的成绩排名作为依据，所以从客观上导致了壮汉双语中小学校的主要时间和精力都放在所谓的主科上，有一位壮汉双语小学的教师这样说：

> 教育（评价）的大环境都是以语、数、英来衡量一所学校的教育质量，壮文在我们这里只是打打擦边球，学校的各项工作都在语、数、英上，忽视了壮语文教育，所以学校（壮语文课程）开课也不顺利，上课也得不到保障。

在这样的评价体制之下，教师们自然也不敢怠慢，为了能够提高自己所任教的主要科目的成绩，随意挤占壮语文课程的上课时间就成了一种普遍现象，某学校的教导主任这样说："我们学校课程表上（壮语文）每周安排4节课，但往往有2节就被其他课程挤占了，实际课时根本不足。"某民族初中的一位教师这样说："我任教的班级每周一节壮文课，因为我们是兼任的教师，有时候主科的教学任务完不成了，或者到了考试复习的时候也会占用壮文课。"

（三）壮语文教学受语言环境的影响，效果不甚理想

据教师们反映，在教学过程中由于受普通话、当地白话以及壮

语方言的差异的影响，壮语文的教学效果并不理想。某民族中学教师说：

我们虽然也开设了壮语文课，但是学生之间的沟通还是以方言为主，即我们当地的白话，外地学生和少数民族学生的沟通主要以普通话为主，原本会说壮话的学生因为周围同学都不讲壮话或者听不懂壮话，所以他们也不太自信，也不大愿意讲，课堂上学的很快就忘了，等于白费工夫，教和不教没有多大区别。

某壮汉双语小学教师说：

我们这里3岁以上的孩子都讲普通话，在县城买东西都是说普通话或者是白话，进到学校里能听到壮话交流的学生很少，只凭课堂上的一点教学时间，学生本身没掌握多少，再加上日常生活中也很少用，所以教学效果差得很，基本上上课前复习都会发现上节课学习的全忘了，都要从头来教，这样的教学效果，我们上壮语文课很苦恼的。

教师们认为，壮语方言与标准壮语之间的差异也会影响壮语文课程的教学效果，某县壮汉双语教研员说：

我们县有南（部）壮（话）和北（部）壮（话）两种（壮语）方言，目前开展壮汉双语教育的全部是北（部）壮（话）区域的学校，因为北（部）壮（话）与标准壮语最为接近，南（部）壮（话）与标准壮语差距太大了，尝试着开设了之后发现效果不好，很难开设下去，所以南（部）壮（话）区域的学校就没有（再）开设了。

某壮汉壮语教师说：

我们学校的学生都是会讲壮话的，但是他们讲的都是南部壮话，在教学过程中，我们的学生还保留着南部壮话的习惯，对壮语文的教学有很大的干扰。

另一位教师说：

我们这个地方（壮语）方言对壮语文教学有很大影响，干扰使学生常常两个音分不清。

对于语言环境影响壮语文教学的效果，甚至有教师这样说：

我们虽然是壮汉双语学校，但是学校在县城周边，生源比较杂，大多数是进城务工人员的子女，这些家长进城务工以后语言观念变了，他们积极鼓励自己的孩子学习汉语普通话，所以我们的壮语文课只能用汉文来解释，受家长的影响，学生不爱学，甚至有抵触，而且学了也不用，基本上也学不到什么，教学效果很差。

（四）教材尚不能满足中小学壮汉双语教学的实际需求

据教师们反映，中小学壮汉双语教材尚不能满足教学的实际需求。首先，表现在教材没有选择的余地，学校和教师不能根据学生的实际情况来选择适用的教材。在一次壮语文研修的座谈会上，某初中壮语文教师说："我们大部分学生来自于壮汉双语小学，在小学时已经学完了壮语文课，会讲故事，随便能读，对声、韵母已经很熟悉了，但是，目前我们所用的初中壮语文教材，又是从声韵母开始学，对我们的学生来说现在的教材太浅了。"另一所初中的教师立即反驳说："我们不觉得现在的壮语文教材太浅了，而是太难了，我们的学生大多数都是从普通类小学升（学）上来的，他们基本上没有接触过壮文。"究其原因，就在于初中的壮语文教材没有针对不同壮文水平层次的学生进行设计，没有选择的余地。其次，在教材内容及其编排形式方面不能完全有助于巩固教学效果，某小学壮汉壮语教师说："我们二类教学模式教材的编排目前只有诗歌和课文，虽然诗歌和课文也是朗朗上口，但是时间长了就不太记得了。如果在小学阶段增加一些日常用语的对话交流，这样可以很好地巩固学习效果，不管过了多久，学生都记得，家长也能看到孩子学习的效果。"还有教师反映说："壮汉双语同步教学模式的课文太长，教学的时间不够，而且都是对普通类语文教材的翻译，没有与壮族文化结合起来，趣味性不强，学生学起来很枯燥。"也有教师认为："壮文电子版的教学资源比较少，建议壮文教学过程中多一点电子版的教学资源，就像《快乐壮文》，学生比较喜欢。"

（五）受诸多因素的影响，中小学壮汉双语教育实施难度较大

目前，受多种因素的影响，中小学壮汉双语教育的实施面临种种困难。例如，由于各个学段之间衔接不够紧密带来的困难，如某壮汉双语教研员说："我们县唯一一所壮汉双语小学，毕业后升学的初中没有壮文课，小学学了，中学没有用到。"另一位教师也反

映："目前我们下面教学点不开（壮语文课），中心校开（壮语文课），下面教学点二年级学生升到中心校后又因为没有学过（壮语文课）跟不上。"还有学生的参与度低、学习劲头不足等造成的困境，如某民族中学教师说："我们学校的壮汉双语教育活动以兴趣班和选修课为主，每周二、三、四的下午两节课全校开展兴趣班，参加壮文选修的学生不是很多，大概在 13 ~ 15 名，相对于其他的兴趣班如朗诵班、播音主持等班级就比较少，这些班级基本都在 40 人左右，壮语文学习氛围不够浓厚。"另一位教师说："我们学校有一部分学生是壮文小学毕业的，还有壮文小学以外的学生，他们学习的劲头不足。"再加上前面提到的中小学壮汉双语教育的社会认可度低、教育督导机制和教学评价机制跟不上、壮语文教学在壮汉双语中小学不受重视、壮语文教学效果不甚理想以及师资匮乏等因素的影响，中小学壮汉双语教育面临很多的挑战，实施难度较大。

三、中小学壮汉双语教育发展的基本趋势

（一）逐渐由过渡性双语教育变为保持性双语教育

1976 年，费什曼、约翰·爱德华兹、洪贝格等人把双语教育分为"过渡性双语教育"与"保持性双语教育"两种基本模式。过渡性双语教育是指帮助儿童从家庭的、少数民族语言的使用转向主流的、多数民族使用的语言的双语教育；保持性双语教育是指培养少数民族儿童自身的少数民族语言能力，以及相应的自我文化和身份认同的双语教育。

从双语教育模式类型划分的角度来看，本研究认为在 20 世纪 50 年代末期到 21 世纪初期长达半个多世纪的时间里，广西中小学壮汉双语教育属于过渡性双语教育，即其主要目标在于通过壮汉双语教学帮助壮族儿童以本地壮语方言为基础，掌握标准壮语和壮

文，再以标准壮语和壮文作为媒介学会使用国家通用语言文字（汉语言文字），具备运用汉语言文字学习科学文化知识的能力。

随着电视、网络等大众传媒深入壮族人民群众的千家万户，以及从1998年举办首届全国推广普通话宣传周活动以来，自治区语言文字工作委员会积极贯彻《国家通用语言文字法》，开展推广普通话活动。一方面组织推普周宣传大篷车深入基层开展宣传活动，一方面面向全区建立普通话测试站，对教师、学生、公务员、服务行业及其他行业人员举办普通话水平测试。2008年，广西14个地市国家一、二类城市语言文字工作评估全部完成，当年共组织12.09万人次参加普通话水平测试，其中教师1.62万人次，学生8.89万人次。① 2015年，完成武鸣、柳城等国家三类城市语言文字工作评估复评工作暨整改工作。② 随着普通话在壮族地区的普及，一些壮族教师也表达了他们的担忧："以前我们总是担心学生不会讲普通话，近五年一个明显的变化是，我们不用担心学生不会讲普通话而是担心他们不会讲壮语，不会写壮文。""现在年轻一代对壮语都不感兴趣，等我们老了，我们的孩子偶尔还会用壮语，但等孩子的下一代就可能不会讲壮语了，我们也是改变不了，在这个环境中我们无能为力。" "原来都是以壮促汉，现在却变成了以汉促壮。" 面对这种语言环境的变化，中小学壮汉双语教育担负起培养壮族年轻一代的壮语能力，传递壮族文化就成为了其主要目标，即发展保持性双语教育势在必行。

（二）壮汉双语课堂教学实现语言教学与文化传承并重

语言不仅是一种文化现象，同时也是一种非常重要的文化载

① 广西壮族自治区人民政府：《广西年鉴》，349～350页，南宁，广西年鉴社，2009。

② 广西壮族自治区人民政府：《广西年鉴》，296页，南宁，广西年鉴社，2016。

体。壮语文的背后隐藏着丰富灿烂的壮族文化，包括专有名词、生产方式、生活方式、风俗习惯以及宗教信仰等，壮文的价值在于为壮族提供了一个记录这些文化的符号载体，因此，壮汉双语教学不仅要作为学习汉语汉文化的桥梁，同时也要保护、传承、开发本民族的文化资源。

语言和文化是部分与整体的关系，不可割裂。语言作为文化的组成部分，其特殊性表现在它是学习文化的主要工具，学生在学习和运用语言的过程中获得整个文化。教学实践证明，壮语文教学与壮族传统文化紧密结合可以使学生的语言习得与文化获得过程相互促进。如一位壮汉双语教师说："我在讲课时如果偶尔能穿插一些当地的民族文化、谚语、故事等，并用壮话记录这些文化，学生就很喜欢学壮文，他们也从中能认识到学习壮文的作用是蛮大的。"由此可见，壮汉双语课堂教学实现语言教学与文化传承并重不仅是必须做到的，而且也是可行的。

（三）建立壮汉双语教学示范基地，发挥其辐射带动作用

广西教育厅、民委、财政厅、人社厅、编办、民语委等六部门出台了《广西壮族自治区壮汉双语教育发展规划（2016—2020年）》指出："加强壮汉双语教学示范基地建设，着力打造壮汉双语教育连片'三角区'，发挥示范基地的辐射带动作用，推动连片'三角区'协作共进、加快发展。"加强壮汉双语教学示范基地建设，即在广西壮语北部和南部两大方言的9个土语区，选择双语教学基础条件相对较好、积极性较高的县（市、区），建设10个壮汉双语教学示范基地；着力打造壮汉双语教育连片"三角区"，即打造武鸣、上林、马山三角区，覃塘、武宣、兴宾三角区，环江、宜州、忻城三角区，东兰、天峨、巴马三角区，德保、靖西、那坡三

角区，天等、大新、龙州三角区等6个壮汉双语教育连片“三角区”。[①] 随着这些壮汉双语教学示范基地和壮汉双语教育连片“三角区”的建成，必将促进壮汉双语教育连片发展。

（四）逐步提高壮汉双语教学的现代化水平

《广西壮族自治区壮汉双语教育发展规划（2016—2020年）》指出：“加强双语学校标准化和信息化建设，优先支持壮汉双语学校标准化建设，重点推进双语学校教育信息基础设施建设，加快实现‘宽带网络校校通’‘优质资源班班通’‘网络学习空间人人通’，搭建双语教育学习平台和公共服务平台，免费覆盖壮汉双语幼儿园和中小学。”随着壮汉双语中小学信息化、网络化条件成熟，壮汉双语教学必将实现教学活动共享、教学研究共享、教学资源共享等，可以进一步提高壮汉双语教学的现代化水平。

---

① 广西壮族自治区教育厅：《2020年壮汉双语学校达300所、在校生达15万人，广西出台壮汉双语教育发展规划（2016—2020年）》，http：//www. gxedu. gov. cn/Item/13024. aspx，2016－04－26。

第三章　广西中小学壮汉双语教师队伍现状

第一节　广西中小学壮汉双语教师队伍概况

一、广西壮汉双语中小学教师队伍基本情况

（一）广西壮汉双语中小学基本情况

截至2017年，广西壮族自治区中小学共有壮汉双语学校214所、班级2620个，学生121540人，专任教师7017人（含壮汉双语教师662人）。其中：小学181所、班级1463个、学生53379人，专任教师3081人（含壮汉双语教师600人）；壮汉双语初中29所，班级961个，学生55560人，专任教师3179人（含壮汉双语教师58人）；壮汉双语高中4所，班级196个，专任教师757人（含壮汉双语教师4人）。（见表3－1）

表3－1　广西壮汉双语中小学基本数据一览（2017年）

	学校（所）	班级（个）	学生（人）	专任教师（人）	壮汉双语教师（人）
小学	181	1463	53379	3081	600
初中	29	961	55560	3179	58
高中	4	196	12601	757	4
合计	214	2620	121540	7017	662

（二）广西壮汉双语中小学师生比

根据广西壮族自治区人民政府颁布的《广西壮族自治区中小学教职工编制标准实施办法（修订）》（桂编发［2012］5号）的相关规定，中小学教职工基本编制标准为：县镇和农村的小学的师生比为1∶21、初中的师生比为1∶16、高中师生比为1∶13。目前，广西壮汉双语小学、初中、高中的师生比依次分别为：1∶17、1∶17、1∶16，可以看出，壮汉双语小学的师生比高于标准师生比，壮汉双语初中、高中的师生比略低于标准师生比（见表3－2）。

表3－2　广西壮汉双语中小学师生比（2017年）

	小学	初中	高中
中小学标准师生比	1∶21	1∶16	1∶13
壮汉双语学校师生比	1∶17	1∶17	1∶16

（三）广西中小学壮汉双语教师队伍所占比例

广西壮汉双语中小学教师队伍由普通教师和双语教师两部分组成，其中：壮汉双语小学共有专任教师3081人，壮汉双语教师共有600人，小学壮汉双语教师仅占专任教师总数的19%（见图3－1）；壮汉双语初中共有专任教师3179人，壮汉双语教师共有58人，初中壮汉双语教师仅占专任教师总数的2%（见图3－2）；壮汉双语高中共有专任教师757人，壮汉双语教师共有4人，高中壮汉双语教师仅占专任教师总数的1%（见图3－3）。可以看出，广西中小学各个阶段的壮汉双语教师在专任教师队伍中所占比例均较低。

图3－1 壮汉双语小学教师队伍构成

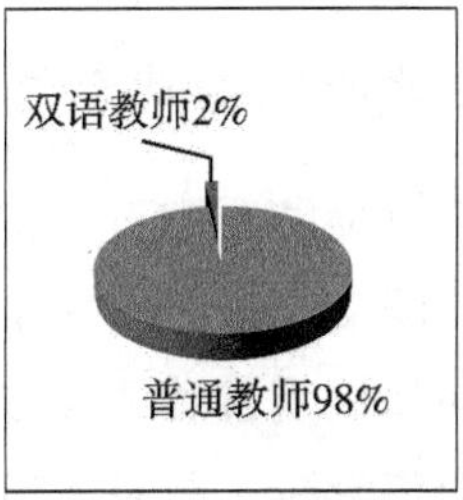

图3－2 壮汉双语初中教师队伍构成

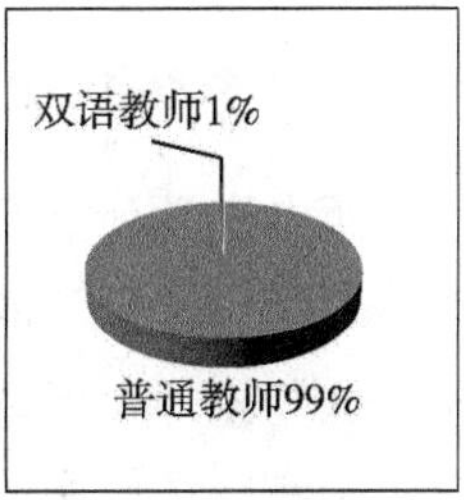

图3－3 壮汉双语高中教师队伍构成

广西壮汉双语小学共有壮汉双语教师600人，承担1463个班级壮语文课程的教学，意味着平均每所学校仅有3名左右的壮汉双语教师，平均1名教师每周要完成大约3个班级的壮汉双语教学；壮汉双语初中共有壮汉双语教师58人，承担961个班级的壮语文课程的教学，意味着平均每所学校仅有2名壮汉双语教师，平均1名教师每周要完成大约17个班级的《壮语文》必修课的教学任务；高中壮汉双语教师4人，意味着每个学校只有1名教师，这个教师要承担全校《壮语文》选修课的教学任务。从统计学意义上来讲，如果广西壮汉双语中小学所有班级全部开齐开足《壮语文》课程，那么中小学壮汉双语教师仅仅完成《壮语文》这门课程的教学工作量都已经远远超负荷了。换句话说，中小学壮汉双语教师队伍现有的数量是远远无法满足全自治区开展壮汉双语教育的需求的。

二、广西中小学壮汉双语教师队伍组成

通过调研得知，广西中小学壮汉双语教师队伍主要由系统接受过壮语文专业教育的教师、其他专业教师接受壮语文知识培训、小学教育（壮汉双语方向）专业毕业生、学校通过校本培训成长的教师、聘用的顶岗教师等组成。

（一）系统接受过壮语文专业教育的教师

广西中小学壮汉双语教师队伍中有一部分教师毕业于中央民族大学、广西民族大学的壮语文专业，有一部分教师毕业于广西壮文学校，这些教师在就读期间接受过壮语文专业教育。还有一部分教师毕业于南宁民族中等师范学校、桂林民族中等师范学校、巴马民族中等师范学校、百色民族中等师范学校等民族中等师范学校，这些学校的学生在三、四年级开设壮语文课，系统学习壮语音课、语法课、写作课、实习课等，既掌握了壮文基础知识，又学会了壮文的教学方法，为他们从事壮汉双语教学打下了坚实的基础。但是，据校长们反映，“这些（系统接受过壮语文专业教育的教师）在每个壮汉双语学校的数量不尽相同，有些学校只有 1 ~ 2 个，有些学校连一个也没有”。

（二）其他专业教师接受壮语文专业培训

由于系统接受过壮语文专业教育的教师所占比例较小，开展壮汉双语教学的师资数量远远不够。于是，其他诸如语文、数学、英语等专业教师利用业余时间参加壮语文专业培训，具备一定的壮语文水平后补充到壮汉双语教师队伍中来。他们参加的培训主要有三种：一是参加广西民族大学举办的中国少数民族语言文学（壮语言文学）专升本函授教育，修完规定的学分，参加广西壮语文水平考试并取得“中级”或以上级别，获取学位证书。二是参加广西民族大学举办的壮语文知识培训班，根据老师们的壮语文水平，分为基础班、初级班、中级班、高级班等四个层次，教师们在寒、暑假期间可以根据自己的壮语文基础选择适合的班级参加培训。三是个别县举办壮语文教师培训。教师们边工作边接受培训。“但是教师们的积极性不高，一方面工作忙，另一方面年龄大了，而且认为他们那么忙还要参加培训太累，又没有什么好处，没有什么奖励机制。所以培训效果也不好。乡下的老师来参加培训，没有补助，但是城边的教师来参加培训，算是出差，有差旅补助，所以乡下的老师经常是拖拖拉拉的。”

（三）小学教育（壮汉双语）专业定向培养的毕业生

2014 年 9 月，广西师范学院受自治区教育厅委托开办小学教育专业（壮汉双语方向），学制两年（从 2016 年起，学制改为三年），定向培养小学壮汉双语教师。截至 2017 年，按照《广西小学壮汉双语教师定向培养计划协议书》的相关要求，2014 级、2015 级小学教育专业（壮汉双语方向）毕业生取得普通高等学校专科毕业证书和小学教师资格证书后，由协议县（市、区）按照协议安排就业，已经有两届毕业生补充到壮汉双语小学教师队伍中来。

（四）学校内部通过“师傅带徒弟”的方式边学边教

为了尽快解决因师资短缺不能正常开课的问题，有一部分学校以“师傅带徒弟”的方式培养壮汉双语教师，由本校现有的、毕业于壮文学校的教师给其他几位教师教授壮文，其他的老师一边学一边给学生上壮文课。

某镇中心校校长说：“我们镇中心校有两位 20 年前毕业于武鸣壮校（指广西壮文学校）的老师，但两位老师多年来所学壮文基本没有用武之地，到现在开展壮汉双语教学才开始派上用场，其他学校几乎没有专业壮文背景的老师能胜任壮语课。目前全镇的壮文师资是由中心校的两位老师进行培训，其他乡镇没有这样的条件开展壮文培训，各乡镇壮文师资均处于短缺状态。”

另一所学校的校长说：“我们学校有两位老师是壮（文）（学）校毕业的，但开齐开足壮文课的话，师资远远不够，短时间内也招不进来合适的教师，为了加强我们的壮汉双语教师的力量，由这两位老师培训校内其他几位老师学习壮文，这几个老师就边学边教(壮文课)。”

一位壮语文课的任教老师说：“我们这个学区只有几位壮文专业毕业的教师，几乎每个学校都有这种‘师傅带徒弟’的情况，由学过壮文的教师教其他老师学习壮文，这些老师学会了再去教学生，我就是（通过）这样学了才上（壮文）课的。”

另一位教师说：“目前我们学校有两个老师教壮文课，我是刚毕业不到一年时间，原来学的并不是壮文专业，现在跟着另一个壮文老师学习怎么教壮文课。另一位是老教师，今年53岁，他是壮文专业毕业，学校安排这个老教师做我的师傅，让我跟着他学习壮语壮文，因为他马上要退休了，我得尽快学会，不然这个老师退休，我们学校就没有一个专业教师了。”

（五）个别学校聘用有壮语文专业基础的人员作为顶岗教师

在调研中，我们发现广西中小学壮汉双语教师队伍中还有少量顶岗教师存在，经过了解，顶岗教师其实就是代课教师的代名词，有些学校将这些聘用的代课教师称为顶岗教师。这些教师中，有的教师本来有编制，但因某些原因被清理出教师队伍，后来又被学校聘用；有的教师是因为没能通过招考程序取得教师编制，但其壮文教学水平很受学校领导的肯定；还有小学教育专业（壮汉双语方向）的毕业生没能取得小学教师资格证，暂时未能办理入编手续，以代课教师的身份回到定向所在的乡镇学校任教。

一位校长说：“我们学校有一位顶岗教师，也就是以前所说的代课教师，他是壮文学校毕业的，但后来由于计划生育超生问题被开除出教师队伍，考虑到他是壮文科班出身，我们学校壮文老师又比较缺，所以我们最后商议决定聘用他作为顶岗教师任教壮语文课，有些遗憾的是他因为不在编制内，工资很低。”

另一位校长说：“我们学校有一位壮语文教师是顶岗教师，他是20世纪90年代从壮校毕业的，他的壮文教得很好，但是每次教师招考考试他总是考不上，到现在还没有编制，我们感觉比那些通过招考进来的教师都好用，所以一直以聘用的方式留着教壮文课，没有辞退。”2007年，自治区教育厅、人事厅、财政厅、编办联合出台《关于进一步解决好代课人员问题的意见》（桂政办发［2007］101号），要求“各地把中小学教师空编率控制在5%，拿出岗位面向社会公开考录教师，代课人员和已被清退代课人员较多的县（市、区）面向代课人员的招聘指标不低于招聘计划的50%；被清退代课人员可不限次数参加中小学教师的招聘考试直至退休年龄”。尽管对于代课教师有相应的政策，但是这个教师参加公开招考多年，至今仍然是代课教师身份。

一位毕业于广西师范学院小学教育专业（壮汉双语方向）的教师说：“我也是顶岗教师，2016年毕业时因为普通话测试未达标而没有取得小学教师资格证书，按照协议的约定，目前还不能入编。”

第二节 广西中小学壮汉双语教师队伍的特征

一、广西中小学壮汉双语教师队伍结构分析

本研究随机抽取了346名中小学壮汉双语教师进行问卷调查，分别对性别、民族、年龄、职称、教龄、学历、专业、学缘等结构作了统计分析，结果如下。

（一）性别结构

参与问卷调查的男教师102人、女教师244人，分别占教师总数29%、71%，女教师数量为男教师数量的2倍多（见图3-4）。这个调查结果与自治区教育厅2016年11月在全区开展的小学壮汉双语教学专项调研中关于教师性别结构的结果基本一致，说明女教师数量明显多于男教师数量是中小学壮汉双语教师队伍性别结构的基本特征。

一般来说，男女教师在个性、处事方式等方面存在差异，男女教师比例平衡对学生的健康成长有着重要的意义。可见，广西中小学壮汉双语教师队伍男女性别比例失衡不利于学生的健康成长。

（二）民族结构

这支壮汉双语教师队伍由壮族、汉族及其他民族组成，其中，壮族306人，占教师总数88%；汉族19人，占教师总数6%；其他民族21人，占教师总数6%（见图3-5）。

早在1980年，在国务院批准的《教育部关于师范教育的几个问题的请示报告》中明确规定："师范学校应以招收少数民族学生为主……逐步做到民族地区小学的多数教师，由合格的少数民族教师担任。"[①] 广西中小学壮汉双语教师队伍主要由壮族教师组成，还有少量的汉族以及其他少数民族教师（主要包括毛南族、布依族、瑶族等）。可见，广西中小学壮汉双语教师队伍的民族结构是符合要求的。

---

① 金东海：《少数民族教育政策研究》，97页，兰州，甘肃教育出版社，2002。

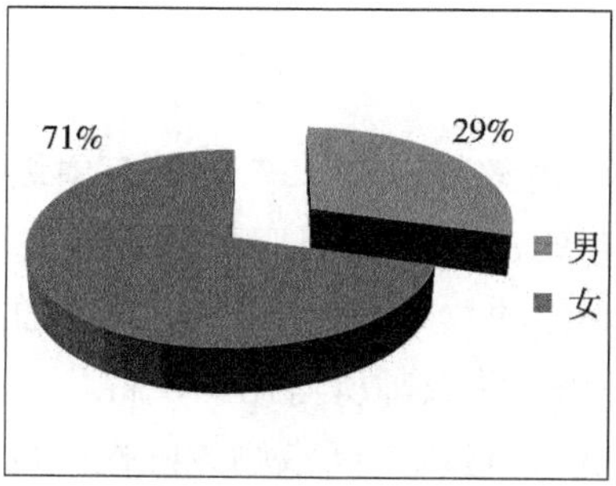

图 3－4　性别结构

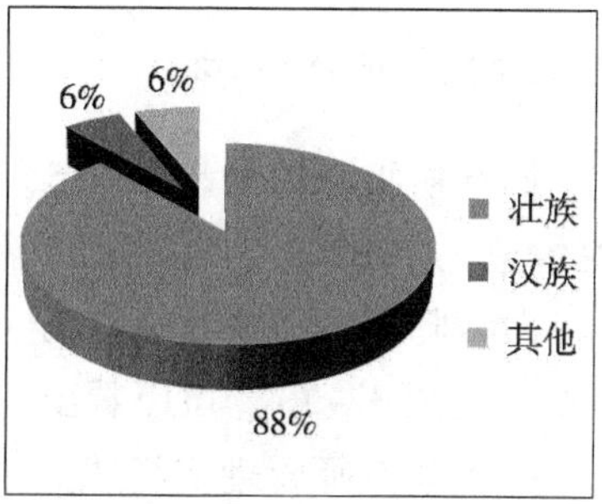

图 3－5　民族结构

（三）年龄结构

在参与调查的中小学壮汉双语教师队伍中年龄在 30 岁以下的教师共 46 人，占教师总数 13%；30～39 岁之间的教师共有 143 人，占教师总数 41%；40～49 岁之间的教师共有 109 人，占教师总数 32%；50 岁以上的教师共有 48 人，占教师总数 14%（见图 3－6）。可以看出，这支队伍主要以中青年教师为主。

年龄结构反映了教师队伍的活力与潜力。从年龄结构来看，广西中小学壮汉双语教师队伍中处于成熟阶段的中青年教师占绝大多数，年轻教师和有经验的老教师所占比例较低。在调研中，可以发现部分年轻教师从教心态不太稳定，更多倾向于借调或者调离，这在一定程度上影响着壮汉双语教师队伍的潜力。而且壮汉双语教师的年龄分布在一些学校呈现出偏态分布，例如，有的学校大多数是老教师，随着这些老教师退休离开岗位，学校将面临壮汉双语教师青黄不接的局面；有的学校基本全部是新入职的教师，这些教师的成长需要一个周期，起初一段时间内能否完全胜任壮汉双语教学是校长们最为担忧的问题。

（四）职称结构

拥有初级职称的教师共56人，占教师总数16%；拥有中级职称的教师共162人，占教师总数47%；拥有高级职称的教师共93人，占教师总数27%；尚未定级职称的教师共35人，占教师总数10%（见图3－7）。可以看出，中级职称教师所占比例较高。

中小学教师管理实行职务聘任制，可以不断鼓励教师提高自身的专业素质和教育教学能力。《〈事业单位岗位设置管理试行办法〉实施意见》（国人部发［2006］87号）规定：专业技术高级、中级、初级岗位之间的结构比例全国总体控制目标为1：3：6。从整体来看，中小学壮汉双语教师队伍高级职称教师占有一定的比例。但是，这些高级职称教师在学校之间的分布并不均衡，有些学校甚至没有一个高级职称的教师。

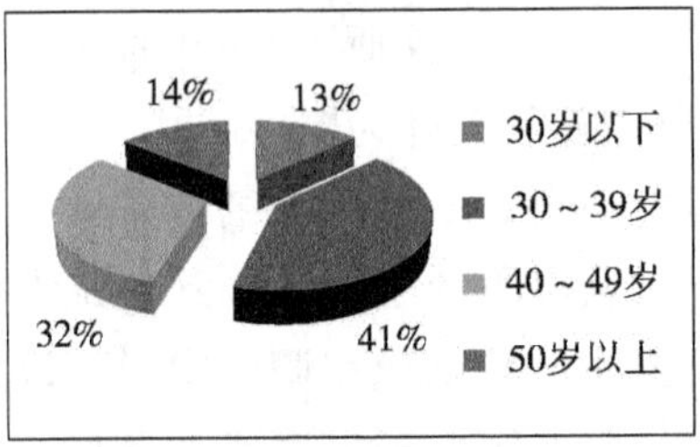

图3－6 年龄结构

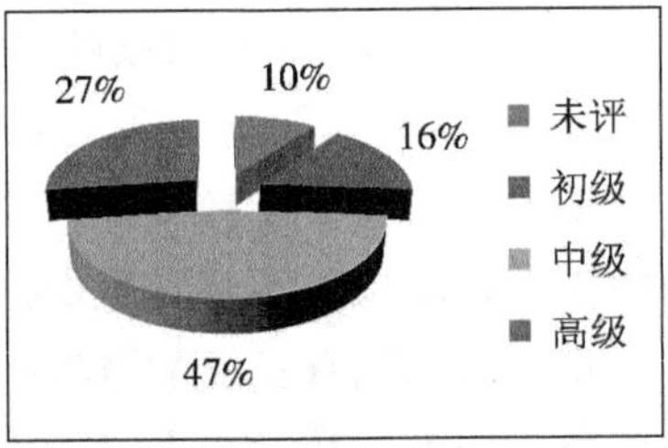

图3－7 职称结构

（五）教龄结构

教龄在5年以下的教师共有44人，占教师总数13%；6～10年教龄的教师共有15人，占教师总数4%；11～15年教龄的教师共有61人，占教师总数18%；16～20年教龄的教师共有84人，占教师总数24%；20年以上教龄的教师共有142人，占教师总数41%（见图3－8）。大部分教师的工作年限都较长，从教15年以上的教师占教师总数的65%。

在一定程度上，教师的教龄与工作经验呈正相关关系，即教龄越长，教师的工作经验越丰富。广西中小学壮汉双语教师队伍中超过一半以上的教师的教龄在15年以上，说明这支教师队伍有着较为丰富的工作经验。

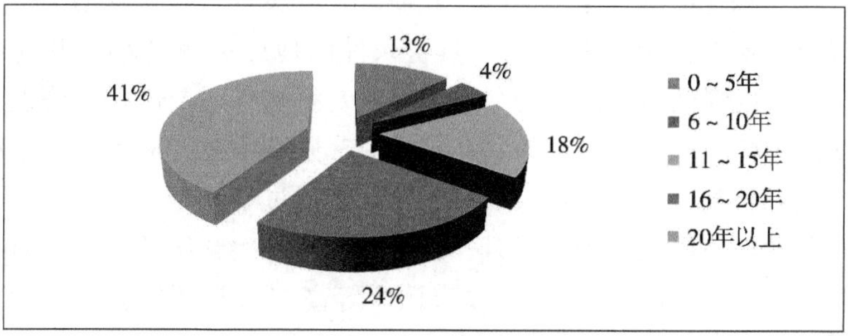

图3－8 教龄结构

（六）学历结构

调研发现，中小学壮汉双语教师队伍中大部分教师现有的学历水平不是一次到位的，而是经过一次或者多次学历继续教育不断提高的。所以，本研究将从初始学历（教师入职时的学历）和最高学历（现有学历）两个方面来分析中小学壮汉双语教师队伍的学历结构。

1. 初始学历

初始学历结构中，具有中专学历的教师共240人，占教师总数69%；具有大专学历的教师共82人，占教师总数24%；具有本科学历的教师共24人，占教师总数7%（见图3－9）。这支教师队伍的初始学历以中专学历为主，高层次学历的教师所占比例较小。

2. 最高学历

最高学历结构中，具有中专学历的教师共15人，占教师总数

4%；具有大专学历的教师共 187 人，占教师总数 54%；具有本科学历的教师共 144 人，占教师总数 42%（见图 3－10）。这支教师队伍的最高学历以大专以上学历为主，但仍然有一小部分教师的学历层次停留在中专水平。

根据我国教育事业发展需要，1999 年中共中央、国务院颁发的《关于深化教育改革全面推进素质教育的决定》对教师的学历标准提出了要求：2010 年前后，具备条件的地区力争使小学和初中阶段教育的专任教师的学历分别提升到专科和本科层次，经济发达地区高中阶段教育的专任教师和校长中获硕士学位者应达到一定比例。我们看到，中小学壮汉双语教师队伍通过学历继续教育，大多数教师的学历层次得到了提升，大专、本科层次学历的人数均有了增长（见图 3－11），但是，没有硕士等高层次学历的教师，而且还有 4% 的教师学历至今未达标。

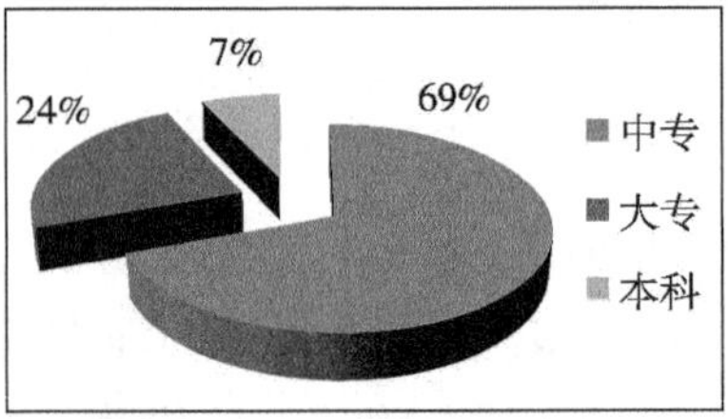

图 3－9　初始学历结构

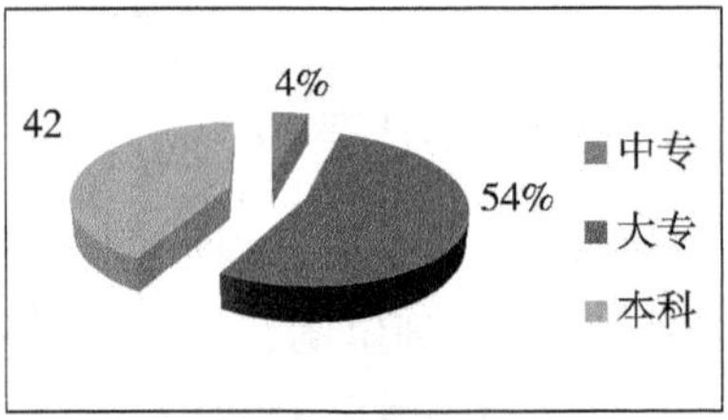

图 3－10　最高学历结构

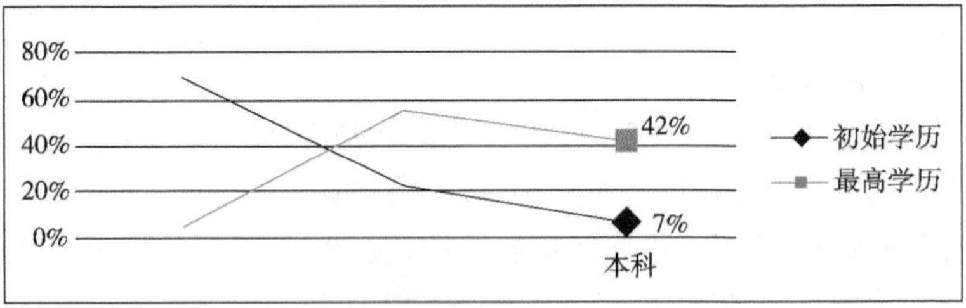

图 3－11　中小学壮汉双语教师学历结构变化

（七）专业结构

统计发现，中小学壮汉双语教师队伍中部分教师在学历提升过程中变更了专业种类，因此，对专业结构的分析仍然从初始学历和最高学历两个方面展开。

1. 初始学历所学的专业

这支教师队伍的初始学历所学专业有29种，包括中师、壮汉双语、汉语言文学、小学教育、壮文、化学教育、数学教育、英语教育、体育教育、少数民族语言、幼师、学前教育、初等教育、综合文科、政治教育、民族工艺、语文教育、商务英语、教育管理、物理教育、地理教育、计算机、化工与制药、美术、艺术设计、通信工程、小学信息技术教育、音乐、图音等（见表3－3）。其中与中小学《壮语文》课程教学对口的专业有壮汉双语、壮文两种，共计97人，占教师总数的28%。

表3－3　广西中小学壮汉双语教师队伍初始学历专业结构

序号	专业	人数	序号	专业	人数	序号	专业	人数
1	中师	102	11	幼师	4	21	地理教育	1
2	壮汉双语	60	12	学前教育	2	22	计算机	1
3	汉语言文学	47	13	初等教育	2	23	化工与制药	1
4	小学教育	45	14	综合文科	2	24	美术	1
5	壮文	33	15	政治教育	2	25	艺术设计	1
6	化学教育	12	16	民族工艺	1	26	通信工程	1
7	数学教育	7	17	语文教育	1	27	小学信息技术教育	1
8	英语教育	6	18	商务英语	1	28	音乐	1
9	体育教育	4	19	教育管理	1	29	图音	1

续表

序号	专业	人数	序号	专业	人数	序号	专业	人数
10	少数民族语言	4	20	物理教育	1			
总计	教师 346 人，初始学历专业有 29 种							

2. 最高学历所学的专业

这支教师队伍的最高学历所学专业有 30 种，包括汉语言文学、小学教育、少数民族语言、化学教育、数学教育、英语教育、普师、语文教育、教育学、初等教育、壮文、文史、政治教育、化生教育、学前教育、综合文科教育、行政管理、物理学、计算机、基础教育、壮汉双语、商务英语、地理、化工与制药、美术、音乐、通信工程、经济学、艺术设计、法学等（见表 3－4）。其中与中小学《壮语文》课程教学对口的专业有少数民族语言、壮汉双语、壮文三种，共计 70 人，占教师总数的 20%。

表 3－4　广西中小学壮汉双语教师队伍最高学历专业结构

序号	专业	人数	序号	专业	人数	序号	专业	人数
1	汉语言文学	131	11	壮文	4	21	壮汉双语	11
2	小学教育	47	12	文史	4	22	商务英语	1
3	少数民族语言	55	13	政治教育	3	23	地理	1
4	化学教育	13	14	化生教育	3	24	化工与制药	1
5	数学教育	20	15	学前教育	2	25	美术	1
6	英语教育	11	16	综合文科	2	26	音乐	1
7	普师	5	17	行政管理	2	27	通信工程	1
8	语文教育	11	18	物理学	2	28	经济学	1
9	教育学	4	19	计算机	2	29	艺术设计	1

续表

序号	专业	人数	序号	专业	人数	序号	专业	人数
10	初等教育	4	20	基础教育	1	30	法学	1
总计	教师 346 人，最高学历专业有 30 种							

专业对口率是衡量教师队伍专业结构的一个重要指标，它是指教师所学专业和任教课程之间的对应情况。从中小学壮汉双语教师队伍专业结构的分析来看，不管是初始学历还是最高学历，这支教师队伍的专业对口率均很低，即大部分教师所学的专业与所任教的《壮语文》课程的知识结构是不匹配的，而且随着中小学壮汉双语教师队伍学历的不断提升，专业对口率呈下降趋势（见图 3－12）。

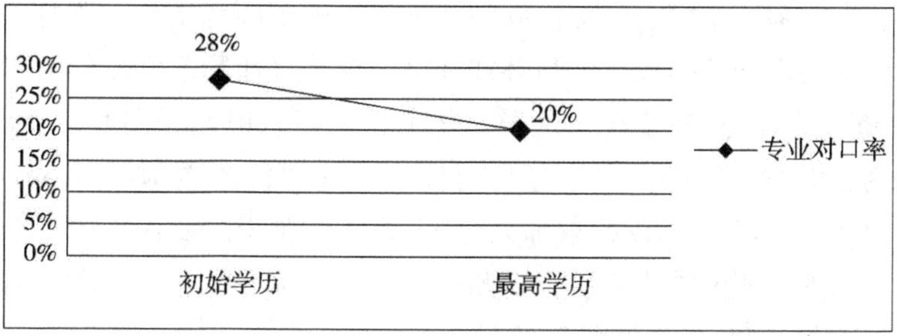

图 3－12 中小学壮汉双语教师队伍专业对口率变化

（八）学缘结构

学缘结构是指教师所取得学历的院校的构成情况。广西中小学壮汉双语教师队伍在初始学历和最高学历获得过程中的院校选择有着不同的特点。

1. 初始学历学缘结构

中小学壮汉双语教师初始学历的毕业院校主要由综合院校、师范院校、民族师范学校、普通师范学校、县级教师进修学校、壮文学校、职业（学/院）校等共七种机构组成，其中：毕业于广西大学、广西民族大学、桂林理工大学、广西艺术学院、钦州学院、百色学院、河池学院、贵阳学院、河池教育学院、柳州教育学院等综合院校的教师共计75人；毕业于广西师范大学、广西师范学院、玉林师范学院、广西民族师范学院、周口师范学院、兴义民族师范学院、右江民族师专、南宁师专、柳州师专、河池师专等师范院校的教师共计73人；毕业于南宁民族师范学校、桂林民族师范学校、百色民族师范学校、柳州地区民族师范学校、巴马民族师范学校、宜州民族师范学校、田东民族师范学校等民族师范学校的教师共计60人；毕业于南宁师范学校、南地一师、南地二师、来宾师范学校、宜山师范学校、湖北洪湖师范学校、田东师范学校、雒容师范学校、马山师范学校、河池环江师范学校等普通师范学校的教师共计56人；毕业于巴马、隆安、马山、天等、田阳、田林、凌云、百色、忻城、环江、宜州等县的教师进修学校的教师共计36人；毕业于广西壮文学校的教师共计35人；毕业于广西民族中等职业学校、南宁职业技术学院、柳州职业技术学院等职业类（学）院校的教师共计11人（见图3－13）。

2. 最高学历学缘结构

中小学壮汉双语教师最高学历的毕业院校主要分为师范院校、综合院校、党校及电大、职业学院等四类教育机构。其中毕业于广西师范大学、浙江师范大学、贵州师范大学、广西师范学院、玉林师范学院、广西民族师范学院、广西科技师范学院、周口师范学院等师范院校的教师共计152人（其中广西师范学院58人、广西师范大学51人）；毕业于广西民族大学、广西大学、东北大学、中南民族大学、北京语言大学、渤海大学、桂林理工大学、桂林电子科技大学、广西艺术学院、百色学院、贵阳学院、广西教育学院等综合院校的教师共计130人（其中广西民族大学63人）；毕业于中央党校、广西壮族自治区委党校、广西区直干部业余大学、中央广播电视大学、广西广播电视大学、河池电大等教育机构的教师共计43人；毕业于南宁职业技术学院、柳州职业技术学院等职业院校的教师共计6人。另外，还有15名中专学历教师分别来自于广西壮文学校、马山师范学校、巴马民族师范学校、宜州教师进修学校、忻城县教师进修学校等（见图3-14）。

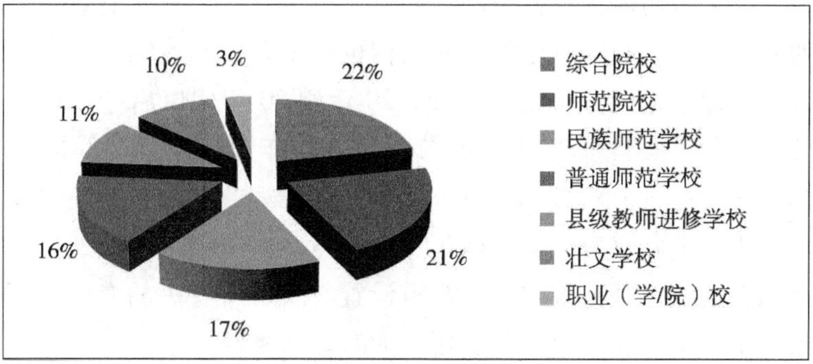

图3-13 初始学历的学缘结构

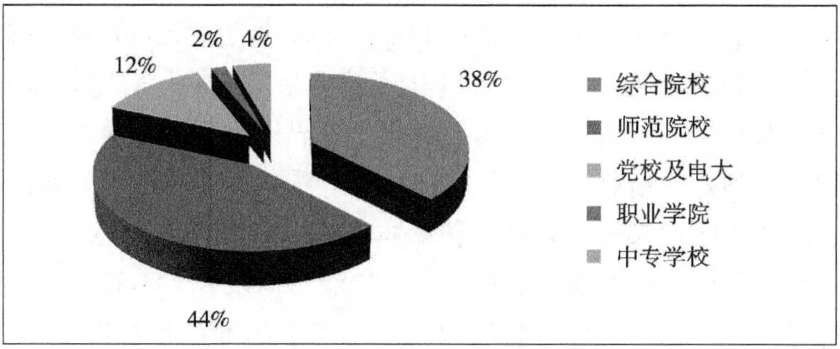

图3-14 最高学历的学缘结构

可以看出，广西中小学壮汉双语教师队伍初始学历的学缘结构以中等专业学校为主，这些学校总共占到了53%，综合院校和师范院校只占到了较少的一部分；最高学历的学缘结构以师范院校和综合院校为主，共占到了82%。不同的学（院）校有着不同的办学层次，教师队伍的学缘结构决定着其学历结构。由于广西中小学壮汉双语教师队伍的初始学历主要是就读于民族师范学校、普通师范学校等中等专业学校获得，所以他们的学历层次以中专为主；而最高学历主要是通过师范院校和综合院校的高等教育完成的，所以他们大专以上学历所占比例较高。同时，每个学院（校）有着自己独特的专业结构，教师队伍的学缘结构也决定着其专业结构。广西民族大学自建校起设置壮语文专业，20世纪80年代以后，广西壮文学校开设师范类性质的壮文中专班，2014年起广西师范学院设置小学教育专业（壮汉双语方向），这些院（学）校的专业设置保障了广西中小学壮汉双语教师队伍一定的专业对口率。相应地，其他一些综合院校、师范院校由于没有设置与壮语文有关的专业，所以导致了中小学壮汉双语教师队伍专业对口率极低。

以上分别从性别、民族、年龄、职称、教龄、学历、专业、学缘等几个方面进行分析发现，广西中小学壮汉双语教师队伍结构呈现出如下基本特征：从性别结构上看，女教师的数量为男教师的两倍多；从民族结构上看，主要以壮族教师为主；从年龄结构来看，中青年教师居多；从职称结构上看，中级职称教师人数最多，高级职称的教师人数相对较少；从教龄结构上看，大部分教师的教龄较长；从学历结构来看，教师队伍基本实现了最低学历层次大专化，但本科学历层次的人数相对较少；从专业结构来看，不管是初始学历还是最高学历，大部分壮汉双语教师所学的专业是普通类学科，导致中小学壮汉双语教育工作中“教非所学”的现象非常普遍，而且在学历继续教育中大部分壮汉双语教师仍然“学非所教”；从学缘结构来看，不管是初始学历还是最高学历，大部分教师均毕业于没有设置壮语文专业的普通院（学）校。

二、广西中小学壮汉双语教师队伍的工作状态

广西中小学壮汉双语教师长期处于任教课程门类繁多、工作量大的环境中，他们都是以兼职教师的身份完成壮语文课程的教学，而且有一部分教师尚未完全掌握壮语文知识就仓促上岗任教。

（一）中小学壮汉双语教师任教课程门类繁多

在调研中，广西中小学壮汉双语教师队伍除了任教壮语文课以外，还涉及其他学科课程，而且主要以其他学科课程为主。以壮汉双语小学为例，壮汉双语教师队伍任教的课程除了壮语文之外还包括语文、写字、数学、英语、音乐、美术、体育、实践、劳动、科学、品德、道德与法制、综合、信息、安全、探究、环境教育等17个课程门类，通过查阅课程表，我们发现小学共开设18门课程，意味着这支教师队伍在承担壮语文课程教学的同时，几乎承担了中小学所有的课程教学。

（二）中小学壮汉双语教师工作量大

在调研中，中小学壮汉双语教师普遍反映他们的工作量比较大，一方面因学校工作的安排，壮汉双语教师要任教多门课程，而且比其他不能任教壮语文课程的教师多出一门课；一些寄宿制学校的壮汉双语教师除了教学安排之外，还要承担学生日常生活的管理工作；一些学生规模较小的学校，一般实行包班制，即由一个老师或者两个老师包揽一个班级所有课程的教学任务及班级管理工作，或者三个老师包揽两个年级所有课程的教学任务及班级管理工作。

一位壮汉双语小学的校长说："我们学校教师编制是够的，但是教学点比较多，老师分布比较分散，所以还是紧张。教学点的老

师一般采用复式教学，10 个教学点有一个比较偏远的山村搞复式教学，从今年开始不搞复式，聘请了两个代课老师教学。老师上完所有课程，管理所有事务，包括做饭。这个编制只是考虑人数集中在一起的比例，集中在一起开班的比例是够的，没有考虑到我们学校区域内分布比较广。”另一位小学校长说：“我们教师都是按照 1∶21 配备，但是下面的教学点比较多，老师们基本上都是包班上课的，中心校的老师要上语文课还要兼班主任，还要兼顾其他课程和壮文，一般任课都是 16～17 节，上数学课的都是要上两个班，每个班 50 人左右，有些时候老师因为工作量大上壮文课就比较懈怠甚至是偷懒。”

一位壮汉双语教师说：“我们学校几个壮语文老师的工作量大多都在 16～17 节/周、17～18 节/周，我每周有 18 节，语文（6 节）、壮语文（4 节）、综合实践活动（2 节）、美术（2 节）、音乐（2 节）、安全教育（1 节）、信息技术（1 节）。”另一位教师说：“我们学校壮汉双语教师的工作量一般是 16～17 节/周，正常的（工作量）应该是 14 节/周，其他不上壮文课的老师少了一门课。”

某县的壮汉双语教研员说：“一般来说，那些集中办学、班额大的学校，师资多一点，壮汉双语教师相对轻松一些。班额小的学校，壮汉双语教师还要跨班上课。一般规模小一些的学校，都是三个人包两个年级所有的课。”一位校长说：“我们学校实行包班制，课程是开齐的，两位老师包完一个班所有的课，基本上两个老师平均分开，但壮文老师多一个课头。”另一位壮汉双语教研员说：“我们这里的学校实行寄宿制，全校有 390 个学生，其中 320 个学生都是寄宿的，老师的工作量没法用多少节来计算，基本上从早到晚都处于工作状态，陪吃饭、陪上课、陪就寝。”

老师们反映，除上课之外，还要完成一些社会工作任务，如“扶贫，饭堂的管理，清洁区的卫生等”。这些繁杂的事务与教师的教学并无多大关系，但是一旦接到任务，都是需要在一定时间内完成，这样更是加重了壮汉双语教师的工作负担，老师们认为这些教学之外的事务让他们“整天处于疲于奔命的状态中”。繁重的教学任务及其他事务要占用很多时间去完成，教师们基本上没有太多的时间钻研学科教学知识。

（三）中小学壮汉双语教师没有获得相应的专业身份和地位

美国教育家霍利把教师专业化界定为两个基本方面：一是关注一门职业成为专门职业，并获得应有的专业地位的过程；二是关注教学的品质、职业内部的合作方式，教学人员如何将其知识技能和工作职责结合起来，整合到同事关系以及服务对象的契约和伦理关系所形成的情境中。[①] 可见，教师专业发展首先要求教师获得一种专门的职业身份。

如前所述，中小学壮汉双语教师除了任教《壮语文》课程之外，还承担着语文、数学、英语、音乐、美术等多个课程，而且在排课时优先安排这些普通类课程。在调研中，我们发现相关教育政策、管理部门以及中小学校等并没有赋予中小学壮汉双语教师专门的职业身份，中小学很少有壮语文专职教师。一位小学校长说：“我们的教师都是兼职的，即使是毕业于壮文学校的教师也是以任教语文、数学、英语等课程为主，开设壮文课的时候他们就兼任壮文教师，其实他们的老本行还是普通类课程。”一位中学校长说：“我们学校没有专职壮文教师这一说法，都是懂壮文的教师兼任的。”在访谈过程中，几乎每个壮汉双语教师都认为在各级管理机构眼里重视的语、数、外、物、化、生等学科才是他们的专业，坚

---

① 转引自教育部师范教育司编：《教师专业化的理论与实践》，26页，北京，人民教育出版社，2003。

持强调自己是壮语文兼职教师，“我是语文（或数学、英语、化学等）的专职教师，壮语文是兼职教的”，这种说法非常普遍，如某壮汉双语教师说：“我是一名民族中学的壮文教师，兼职县里壮汉双语教研员，我在学校的主要工作是教语文和历史课，兼上壮文课，属于壮文课的兼职教师。”对于“是否是专职教师对壮汉双语教学有无影响”这一问题，一位老师这样回答：“是不是专职教师这个事情当然会影响壮汉双语教师的积极性。如果壮语课是专职的，老师们肯定选壮语课，因为不考试老师没压力，语文、数学的压力很大。如果不是专职的，大家都不喜欢，都是应付着过。”

可以看出，中小学壮汉双语教师没有获得《壮语文》专业教师的身份和地位，自然就很难将时间和精力投入到关注壮汉双语教学品质上来。

（四）部分教师尚未完全掌握壮语文专业知识就仓促上岗

有学者认为，学科内容知识是教师胜任岗位需要的最基本的职业知识。[①] 在调研中，一部分壮语文知识零基础的教师通过短期培训就仓促上岗任教壮语文课程，他们尚未完全掌握壮语文知识，甚至有些教师都没有达到脱盲的标准。

某县壮汉双语教研员说：“我们去年新增了 4 所壮汉双语小学，由于没有壮文老师，所以去年这几所学校就没能开课。今年假期，我们派了几位其他专业毕业的老师去参加培训，回来仓促上岗，这些学校才算正式开课了。”

一位壮汉双语教师说：“我是一个刚毕业教龄不到一年的老师，不会说壮语，也不懂壮文，今年暑假被学校派到广西民族大学参加

---

① 张喜萍、韩清林：《中小学教师知识结构的理论研究与优化》，载《教育实践与研究》，2008（2），19～24 页。

为期二十天的壮语文知识培训，通过这次培训才对壮语和壮文有了一点点了解。开学后，学校安排我教壮语文课，我只能以假期培训的那点儿基础教学生，目前只能教壮语的发展历史和一些基本的音节，发音到底给学生教得准不准，我自己也不知道。目前我也只能这么教，因为我也不是专业，半路出家，而且也没完全掌握。”

根据《关于在马山等22个县部分小学使用壮文教学试点和农村使用壮文扫盲的报告》（桂政发［1983］99号）中记载：“实践证明：无论南北方言区，一个文盲的青壮年，坚持学习六十至七十个晚上（约200个小时）就可以初步掌握壮文，能用壮文写自己的讲话、记录山歌、阅读壮文读物。”这些壮语文零基础的教师在假期接受二十天的培训，最多只有120个小时的上课时间，从时间上远远不能保证他们达到脱盲的标准。而且据我们了解，广西民族大学举办的壮语文知识培训班针对壮语文零基础的教师只安排语音基础知识、壮文声韵母、壮文音节拼读等基础性内容，并没有涉及词汇、语法、造句等知识，意味着这些教师也没有机会完全掌握壮语文知识。这些壮汉双语教师缺乏壮语文学科内容知识，是无法胜任《壮语文》课程的教学岗位的。

（五）部分中小学壮汉双语教师缺乏壮语文学科教学知识

学科教学知识（简称PCK）是教师在面对特定的学科主题或问题时，针对学生的不同兴趣与能力，将学科知识组织、调整与呈现，以进行有效教学的知识。[①] 有学者认为，学科教学知识是整个

① 冯茁、曲铁华：《从PCK到PCKg：教师专业发展的新转向》，载《外国教育研究》，2006（12），58～63页。

教师知识结构的核心和支点，对教师知识起到决定性的作用。①

在调研中发现，部分中小学壮汉双语教师缺乏壮语文学科教学知识。如一位初中壮汉双语教师说："我们学校是1985年建校的，一直都是开展壮汉双语教学，1998年以前我们学校全部是壮文小学毕业的学生，但是1998年以后好像壮文小学的学生都不来我们学校读书了，那是因为受招生规定的影响，后来我们就面向全县招生，招农村的学生，然后一直到2010年我们与城镇一中合并后，我们的学生全部是城区学生和城镇周边的学生，这些学生懂壮话的是比较少的，每个班能够真正讲壮话的学生只有5~7个，能听懂壮话的只有10个左右，开设壮语文课的话都是从零开始教，遇到这样的情况我就懵了，不知道应该怎样从零开始教壮文。"

在一次壮汉双语教师座谈会上，壮汉双语教师向在场的壮语文专家请教最多的问题就是：在壮语文教学过程中怎么样才能解决标准壮语与学生本地壮语方言的差异问题。如一位壮汉双语教师说："我们的学生是讲南部壮话，但标准壮语是以武鸣的壮话为标准音的，我最大的困惑就是，我们在教学生拼读的过程中怎样才能结合当地的壮话来进行，然后让学生学会结合他们自己本土化的语言来学习标准壮语，不然我们的壮语文教学效果就会很差，因为学生没有语言基础。"对此问题，广西民族大学的壮语文专家这样做出回应："壮文教学最便利的途径都是从本地的壮语方言切入，因为南北壮语方言有70%是相同的，将本地壮语方言与标准壮语结合这个思路没错，但前提条件是要对应好，要从本地的壮语方言与标准壮语的对比当中去寻找声、韵、调的对应，找准并掌握这个对应规律了，你的问题就解决了，最重要的是不要把调类弄错。"另一位壮汉双语教师问："我是一个壮文老师，会说壮话，但是不会说标准

① 参见韩曙花、刘永兵：《西方教师知识与教师专业发展研究述评》，载《外国教育研究》，2011（11），62~67页。

壮语，这个问题应该怎么办?”专家在了解这位教师的家乡所在地之后的解答是：“你们当地的声、韵、调与标准壮话是一模一样的，你竟然不知道?”

从以上可以看出，一部分教师因为缺乏壮语文学科教学知识这个核心和支点，所以很难将已有的学科知识进行组织和调整，开展有效教学。

第三节　广西中小学壮汉双语教师队伍存在的主要问题

一、广西中小学壮汉双语教师数量短缺

2015 年 8 月，国务院发布的《关于加快发展民族教育的决定》（国发［2015］46 号）指出：“科学稳妥推行双语教育。……建立健全师资队伍、教学资源满足需要的双语教学体系。”目前从整体来看，广西中小学壮汉双语教师队伍的数量仍然不能满足壮汉双语教育的需要。在座谈中，只有少数几所学校反映壮汉双语师资的力量是足够的，如某校长说：“我们学校有 8 位老师已经拿到了壮汉双语本科学历，还有每年假期都带 5 名老师到民大参加培训，师资基本能应付壮汉双语教学。”除此之外，壮汉双语教研员、壮汉双语中小学校长纷纷反映，师资数量短缺问题是中小学开展壮汉双语教学活动所面临的最大问题。

造成广西中小学壮汉双语教师数量短缺的主要原因有三个方面：一部分学校没有或者只有少量壮汉双语教师而导致不能正常开课；一部分学校虽有一定数量的壮汉双语教师，但是因为学校专任教师总量不足，所以壮汉双语教师被挪用安排任教其他课程；一部

分学校的壮汉双语教师在编但不在岗等。

(一) 中小学没有或者只有少量壮汉双语教师

在调研走访过程中发现，部分学校因为没有壮汉双语教师或者只有少量壮汉双语教师而导致没法按照课表安排正常开课或者根本无法开展壮汉双语教学的现象较为普遍。

一部分壮汉双语教研员说：

> 我们县新增了3所小学，但是只有一个定向培养分配回来的教师，虽然教育局已经下文了，但是目前只有一所小学开课。

> 我们县能上壮文的教师比较缺乏，没有一个专业的壮文老师，都是短期培训后直接上讲台，而且这些老师这些年都陆陆续续走了，要么转行要么外调，壮语文教师处于青黄不接的状态，所以目前壮文课处于瘫痪状态。

> 我们县有5所壮汉双语小学，1所壮汉双语中学。目前初中壮汉双语教学基本是瘫痪的，主要还是因为缺老师。5所小学只有2所学校开课比较正常，另外几所学校因为没有专职壮文老师，也就是派老师假期培训二十天，目前还不敢正常开壮汉双语课。

> 我们县有一所民族中学，2009年以前是开课的，但是从2010年以后就没有开课了，主要原因是全校只有2位壮文专业毕业的教师，他们都很优秀，已经被提拔做了行政领导，太忙了，顾不过来，没法开课。

我们县有5所壮汉双语学校，其中一所小学有5名学过壮文的老师，一所中学有2位老师，另外三所学校没有壮文老师，假期派年轻教师去参加了一次培训但是不过关，目前还是开不了课。

一些壮汉双语小学的校长如此说：

我们学校于2012年开始开办壮汉双语，采用二类模式，目前正常开壮语课的有1—3年级，4—6年级因为师资紧缺的原因所以没法正常开课，虽然课程安排了，课表上是开足的，但是4年级停开壮语课了。

我们学校规模较大，有1000多学生，搬到分校后因为缺乏师资没能正常开展壮语课。

我们片区只有两个壮文老师，一个老师的学校都没法开展壮汉双语（教学）。

我们学校目前有3个壮语文教师，一个老师包完一个年级所有课程，下一年到4、5年级，如果不能增加教师，就没办法开展了。

我们学校由于师资跟不上，很难实施壮汉双语同步教学，所以选择壮汉双语二类教学模式，老师都是半路出家，经过培训懂一点才能把壮文课开起来。

我们学校会说壮话的教师很多，但当地壮话与标准壮语的差距比较大，能使用标准壮语的教师极少，现有的壮（语）文师资严重匮乏。

几位壮汉双语中学的校长说：

我们学校是壮汉双语学校，但是目前全校只有一名教师，这对开课有很大的影响。

我们全校有2200多名学生，壮文专业毕业的老师只有3个，而且每个老师都是兼职上壮文课，因为师资力量不够，所以壮汉双语教学不是在全校开展，而是选几个班开设，去年是初一选了4个班，今年也4个班，壮文课每周一节，主要教一些声母、韵母和简单对话。

我们学校是壮汉双语学校，全区4所壮汉双语高中之一。因为没有壮文教师，所以目前还没有开设壮文课选修课。

（二）中小学壮汉双语教师被挪用安排其他课程

在调研中我们发现，实际上有一部分学校的壮汉双语教师人数是足额的，但是由于这些学校其他课程任课教师紧缺，所以出现挪用壮汉双语教师任教其他学科的现象，由此造成了中小学壮汉双语教师数量不足。

一位小学校长说：

我们学校的壮文教师人数是够的，但是其他课程师资紧张，为了保证语文、数学、英语等这些主科能开课，我们只好安排壮文教师任教其他课程，这样壮文课就被停了下来。没办法，考虑到升学的因素，我们要先保证主科有足够的任课教师能开课，然后再考虑其他的。

另一位小学校长也这样说：

我们壮文老师是足额的，但是因为我们学校的数学语文老师比较缺，所以把壮汉双语老师安排去上语文数学。目前1—3年级有9个班开设壮语课，均由语文课或者数学课的老师兼课，共有5个老师。

一位初中校长说：

我们专门教壮文的老师有一些，但因为初中阶段的其他课程师资不足，就安排他们上别的课了，现在长时间不教（壮文课）的话也比较生疏了，所以重新安排他们再去教（壮文课）还有些困难。因此，从根本上来说，我们也缺壮文教师。

一位壮汉双语教研员说：

我们一共有4所学校开展壮汉双语教学，基本上能够按照壮汉双语要求每个学校都能开课。如果按照每个班增加0.3个编制的话，我们的壮汉双语教师是够的，原来有5位武鸣壮（文）（学）校毕业的教师，再加上2016年小学教育壮汉双语定向生毕业回来4位，共有9位教师，壮语文教师的配置数是够的。但是由于这几个学校的主科教师不够，即所谓的语文、数学等学科专任教师太少，所以我们的壮语文专职教师就变成了兼职教师，往往导致壮语文课停留在课程表上，课程表上我们每周安排4节壮语文课，但是有两节都被语文、数学挤占了，所以实际课时安排不足。

（三）一部分中小学壮汉双语教师在编不在岗

根据广西壮族自治区人民政府颁布的《广西壮族自治区中小学教职工编制标准实施办法（修订）》（桂编发［2012］5号）的相关规定，开设民族语文课程的教学班，每班可增加0.3名教师编制。在调阅部分学校《教师花名册》时，我们注意到这些学校的教师编制数量是完全按照文件要求核算并配置的，但是这些学校校长也反映他们的壮汉双语师资匮乏，问及原因，才知道是因为很多教师虽然显示在编，但实际上并不在学校的岗位上任教。

某县的壮汉双语教研员说：

我们这里每个学校的壮汉双语教师编制已经给足，所以单论编制，壮汉双语教师是足够的，但是大多都不在学校岗位上。原因是一个个都嫌乡镇上条件差，总是想尽办法借调离开。

一位小学校长说：

年轻人都尽量往外跑，有的是想办法调动，有的是借调。大部分都是采用借调。村上借调到镇上，镇上的想办法借调到县上。这些教师在编不在岗，县教育局认为我们的师资够了，但实际我们还是缺人。比如，我们学校有70个教师编制，但这些年从我们学校陆陆续续借调出了30多个老师，导致我们的8个教学点中有5个教学点只有一个老师。

另一位小学校长说：

我们学校年年招壮文教师，年年（壮文课）缺老师，这些年轻人都不愿意在乡里待着，前脚拿着报到证来报到，后脚拿着借调证就走人了。

一位中学校长说：

我们学校师生比按照比例算的话，基本上要达到1∶19、1∶20这个样子，也就是说，我们学校有600多学生，应该有32个教师，但是现在只有25个人，3个教师被借调走了。真正上课的只有23个人，要面对13个班级的所有课程。

在座谈中，某县教育局的一位工作人员也证实了这种现象确实存在，他说："我们县教育局只有30多个编制，但是上班的有90多人，编制以外的都是从各个学校借调过来的。"

二、广西中小学壮汉双语教师的壮语文水平参差不齐

2007年7月，第五次全国民族教育工作会议上印发的国务院《关于深化改革加快发展民族教育的决定》中指出，为促进民族教

育要大力“加快师资队伍建设，少数民族和西部地区教师队伍建设要把培养培训‘双语’教师作为重点，建设一支合格的‘双语型’教师队伍”，要“大力推进民族中小学‘双语’教学”。① 但是，根据对346名壮汉双语教师关于标准壮语文听、说、读、写能力自我评价的统计结果显示，目前中小学壮汉双语教师队伍的壮语文水平参差不齐。

（一）中小学壮汉双语教师的标准壮语听力水平

完全能听懂标准壮语的教师有122人，占其总数的35%；能听懂一部分标准壮语的教师198人，占其总数的57%；听不懂标准壮语的教师有26人，占其总数的8%（见图3－15）。

（二）中小学壮汉双语教师的标准壮语交流水平

能熟练运用标准壮语交谈的教师有108人，占其总数的31%；能运用标准壮语做一些简单交流的教师有187人，占其总数54%；无法用标准壮语交流的教师有51人，占其总数的15%（见图3－16）。

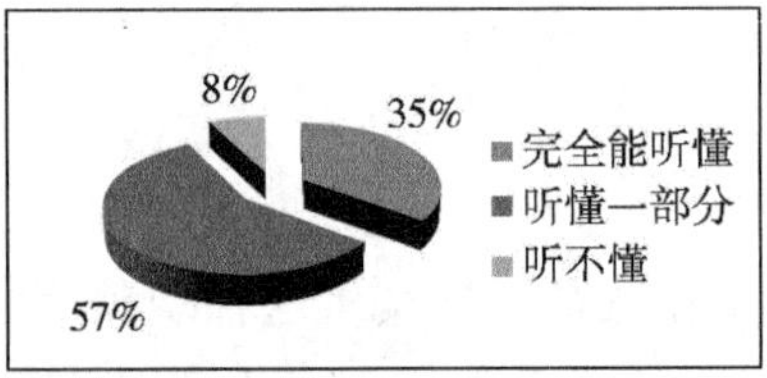

图3－15　标准壮语听力水平

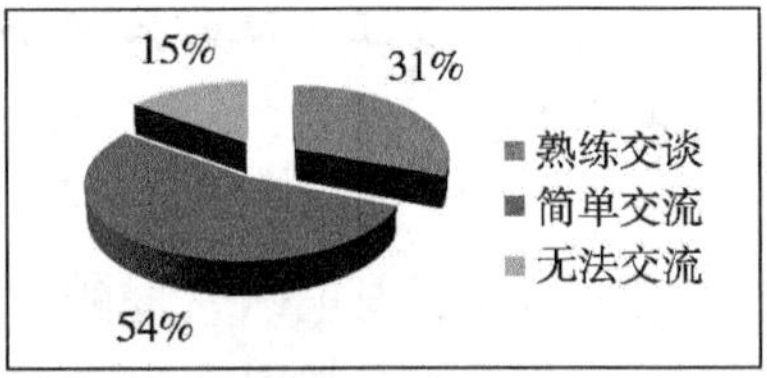

图3－16　标准壮语交流水平

① 丁文楼：《风雨历程三十年　民族教育谱新篇》，见《双语教学与研究〈第七辑〉（上）》，7～16页，北京，中央编译出版社，2010。

（三）中小学壮汉双语教师的壮文阅读水平

能运用壮文熟练阅读的教师有 83 人，占其总数的 24%；仅能读懂一些壮文词语的教师有 190 人，占其总数的 55%；读不懂壮文的教师有 73 人，占其总数的 21%（见图 3－17）。

（四）中小学壮汉双语教师的壮文写作水平

能熟练用壮文写作的教师有 39 人，占其总数的 11%；仅能写出一些简单的壮文语句的教师有 198 人，占其总数的 57%；不能运用壮文写作的教师有 109 人，占其总数的 32%（见图 3－18）。

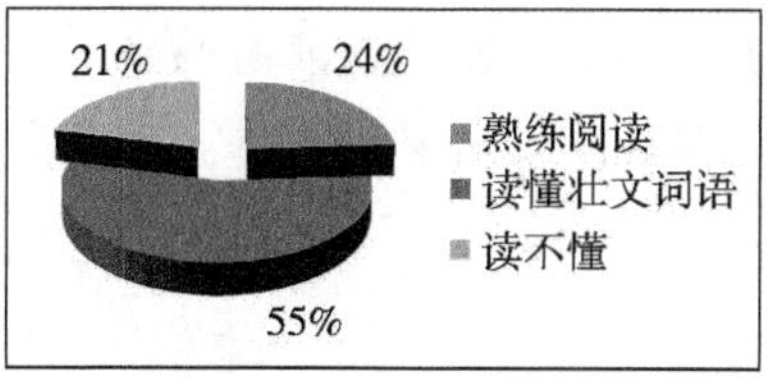

图 3－17　壮文阅读水平

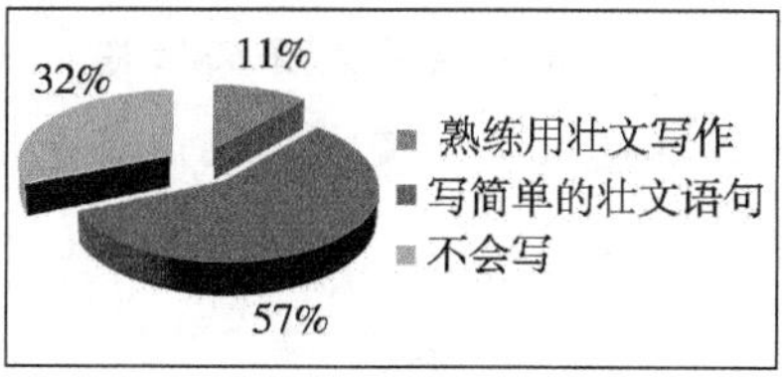

图 3－18　壮文写作水平

众所周知，听、说、读、写能力是任教语言类课程的教师应该具备的基本能力，教师的语言水平直接决定着语言类课程的教学质量。但是，我们看到，广西中小学壮汉双语教师队伍中一部分教师的壮语文听、说、读、写能力确实令人担忧，这在很大程度上已经成为制约中小学壮汉双语教育发展的瓶颈。

三、广西中小学壮汉双语教师队伍稳定性差

据部分学校领导反映，中小学壮汉双语教师队伍稳定性差也是导致师资力量薄弱的主要原因。有校长说：“学校编制虽然有余，但是教师配备不足，因为经济、个人发展空间等现实原因，青年教师外流情况严重，优秀老师也寻找机会上调，无法扎根农村教育，

这也是师资力量薄弱的一个重要原因。”广西中小学壮汉双语教师队伍稳定性差主要表现在向普通类学校流动、轮岗交流到其他学校任教、被调离原单位、改行从事其他工作等方面，同时还存在顶岗教师有可能随时离开的潜在流失风险。

（一）中小学壮汉双语教师向普通类学校流动

中小学壮汉双语教师向普通类学校流动的现象比较普遍，一位校长说：

> 在教研活动中比较优秀的、突出的教师，一旦被发现，一段时间之后就被其他普通（类）学校挖走了，我们学校成了培养人才的摇篮，关键是好不容易把这些教师培养起来了，调走后他们再也不从事壮汉双语教学，真是太可惜了。

一位壮汉双语教研员说：

> 我们县有9所小学、1所中学，现在最大的困难就是师资不够，主要原因是很多壮文专业毕业的教师都调出去了，以前的规定是毕业以后工作三年后就可以调动，所以三年期满以后，只要有机会他们都离开这里到别的学校去了。

另一位壮汉双语教研员说：

> 我们原来有两个老师通过培训能够开课，但是后来都调到别的学校，这些学校都没有开设壮汉双语课。

同时，我们也注意到：2013 年，广西壮族自治区教育厅设立了“广西百名壮汉双语名师培养工程”，通过学校推荐，全区壮汉双语学校中有 150 名骨干教师报名参加，经专家考核，最后遴选出 104 名壮汉双语教师作为培养对象。这些教师在培养过程中，中途有 7 名骨干教师调离双语学校，不再从事壮汉双语教学工作。

（二）中小学壮汉双语教师轮岗交流到其他学校任教

据校长们反映，县（区）域内义务教育学校教师交流轮岗成为了影响学校壮汉双语教师队伍稳定性的原因之一。2014 年 8 月，教育部、财政部、人力资源和社会保障部联合印发了《关于推进县（区）域内义务教育学校校长教师交流轮岗的意见》（教师［2014］4 号，以下简称《意见》），《意见》指出：“力争用 3 至 5 年时间实现县（区）域内校长教师交流轮岗的制度化、常态化，率先实现县（区）域内校长教师资源均衡配置，为义务教育均衡发展提供坚强的师资保障。”① 一位校长说：

> 这几年实行教师交流轮岗常态化，这是制度，每个教师都不能避免。（教师）交流（轮岗）对整体一个县或者一个区的师资均衡配置来说，是个好事情，但是对我们学校来说，壮汉双语教师本来就少，轮岗交流一去就是三年或者五年，交流出去不一定再能交流回来，一个壮汉双语老师刚培养成熟了就走了，又要不断地培养。

① 中华人民共和国教育部：《教育部、财政部、人力资源和社会保障部《关于推进县（区）域内义务教育学校校长教师交流轮岗的意见》（教师［2014］4 号）［EB］，http：//www. moe. edu. cn/publicfiles/business/htmlfiles/moe/s7143/201409/174493. html，2014 - 08 - 13。

一位壮汉双语教研员说：

我们县上这几年壮汉双语学校老师的变动很大，我们有所小学有一个老师是考过高级壮语文水平证书的，上学期轮换到县民族中学去了，但是民族中学没有给他安排壮文课，他是一个英语老师，给局领导反馈了这个情况，但是这个老师的意愿就是要到县城学校去，我们也不能强求人家回来。

一位壮汉双语教师说：

我是 1987 年从广西壮文学校毕业的老师，毕业后一直在民族中学任教壮语文课程，但是，今年学校决定派我去一个乡下的小学支教，那个小学没有壮文课，所以从今年开始就离开壮语文的教学岗位了。我还是希望能回民（族）中（学）来教壮文（课）。

（三）中小学壮汉双语教师被调离原单位

在访谈中，一些壮汉双语教研员反映，目前因为受所在县（市）教师队伍管理方面的因素影响，时常出现中小学壮汉双语教师被调离的现象，虽然这些被调离的教师不愿意离开壮汉双语教学岗位，但无论怎么努力都无法改变有关部门做出的决定。

一位壮汉双语教研员说：

我们县上的一个乡镇学校只有两名壮汉双语教师，一个是老教师，一个是刚刚定向毕业的，其中那个老教师，也是这个学校的壮汉双语骨干教师，今年上半年被调到县城小学去了，这个老师他本人比较喜欢壮语文，而且不愿意到城里去工作，知道消息后我们各方面努力协调，最终都无济于事。原本希望这个老教师好好带一带这个刚毕业的教师，结果还是没能实现，挺遗憾的。

另一位壮汉双语教研员说：

2016 年我们刚从广西师范学院初等教育学院毕业小学教育专业定向分配了一个老师，在一个壮汉双语学校任教，我上学期还去听了两节课，他的课上得很不错，是一个好苗子，但是这个学期就被调到另外一所学校去做教导主任，这个学校也不是壮汉双语学校，我作为壮汉双语教研员从中多次协调，但是都没能改变什么，还是被调走了。这个老师自己也觉着很遗憾，因为他正在做一个壮汉双语教学的课题，调到另外一所学校，因为不是壮汉双语学校，他就不能上壮汉双语课，他的课题也会受到影响。

（四）中小学壮汉双语教师改行从事其他工作

在调研中，我们了解到，还有一部分中小学壮汉双语教师改行从事其他工作，有的去做生意，有的去考公务员，等等，也造成了中小学壮汉双语教师的流失。如某民族中学校长说：

上个世纪 90 年代到 2000 年，我们学校也曾经轰轰烈烈开展过壮汉双语教学活动，但是在 2009 年以后，我们学校的专业壮文教师流失严重，他们纷纷转行从事其他工作，有的去当了法官，有的去当了书记，最后剩下一个懂一点壮文的老师单打独斗，由于这个教师不是科班出身，他是民师专业毕业的，所以我们学校的壮文课就停下了，再没开课。

（五）中小学壮汉双语顶岗教师随时有可能离开

在调研中，有几位壮汉双语教师毕业于广西师范学院小学教育（壮汉双语方向）专业，按照《广西小学壮汉双语教师定向培养计划协议书》的要求，回到了定向所在乡镇学校任教，但是在校期间由于普通话未达到要求而未拿到教师资格证，因此未能办理入编手续。“我的普通话水平短时间内拿到教师资格证困难比较大，可能短时间内入编是很成问题的，搞得人心神不宁的。不入编就不能像正式教师那样拿财政工资，只能以顶岗教师对待，工资少得可怜，工作那么辛苦，还不如一个服务员挣得多，有时候真不想干了。”按照《关于调整小学壮汉双语教师定向培养计划的通知》（桂教民教［2016］9号）规定，我们建议这几位教师报考本县（市、区）农村义务教育阶段学校教师特设岗位计划。“其实如果我们走参加教师招考考试这条路的话，还不如参加其他类型的考试，难度都差不多，而且将来还不用做老师。”

顶岗教师的工资很低，这些老师需要养家糊口，也有另谋出路的打算。他们说：“一直坚持是因为希望能有绿色通道解决编制问题，但是等了一年又一年，孩子大了，开支也越来越多，如果再没有希望，我们也要考虑另谋出路了。”

可以看出，广西中小学壮汉双语教师队伍存在的诸如数量不足、壮语文水平参差不齐、稳定性差等问题，对于提升中小学壮汉双语教育教学质量有很大的消极影响。

第四章　广西中小学壮汉双语教师队伍职前培养

开展推行壮文工作60多年来，广西中小学壮汉双语教师队伍的职前培养主要通过民族院（学）校培养壮语文人才、民族中等师范学校开设壮语文课程、高等师范院校定向培养小学壮汉双语教师等途径完成。

第一节　民族院（学）校培养壮语文人才

1951年，中央人民政府政务院批准了在《关于第一次全国民族教育会议的报告》中提出的《培养少数民族师资试行方案》，《方案》指出："培养、提高少数民族师资是发展少数民族教育的重要工作之一，有关各级人民政府教育行政部门必须重视。"① 在《方案》的相关精神指导下，1951年中央民族学院成立，1952年开办壮语文专业本科班。1952年广西民族大学创办，并于同年开办壮语班。1956年，广西省成立广西壮文学校，培养壮语文人才。

① 转引自金东海：《少数民族教育政策研究》，56～57页，兰州，甘肃教育出版社，2002。

一、中央民族大学培养壮语文人才

1951 年 6 月，中央民族学院在北京正式成立。1993 年 11 月，更名为中央民族大学。[①] 1995 年 6 月，中央民族大学成立中国少数民族语言文学学院，学院现设有少数民族语言文学系、蒙古语言文学系、维吾尔语言文学系、哈萨克语言文学系、朝鲜语言文学系、中国少数民族语言与古籍研究所及学院院部（含汉语文教学部）。

从 20 世纪 50 年代开始，少数民族语言文学系以中国南方少数民族语言文学为主要的教学和研究对象，培养民族语言的教学、科研、翻译人才，曾参加全国规模宏大的少数民族语言调查，收集整理了大量的第一手材料，并为民族文字的创制、改革、民族语文政策制定和民族语言研究做出了巨大的贡献。该系少数民族语言文学专业，先后曾设有壮语言文学、彝语言文学、壮泰语言文化、南方语言文学等多个培养方向，目前主要面向西南和中南各省（区）招生，是“中国语言文学”一级学科分布点。1981 年，国家教委批准了“少数民族语言文学”（20 个专业方向）和“语言学”两个硕士点授予权，1986 年，设“少数民族语言文学”博士点，同一年被评为部委级重点学科。

壮语言文学专业开设了壮语文、壮语语法、壮汉语言比较、壮汉翻译理论与实践、壮族文学概论等多门专业课程，人才培养层次齐全，不仅有大专生、本科生，还有硕士、博士研究生，为国家和壮族地区培养了大批人才，为壮语言文学学科的发展壮大、壮族地区经济发展和社会进步做出了巨大贡献，培养的大专生、本科生、研究生毕业后大多数成为了北京市和广西壮族自治区壮语文相关部门的骨干。

---

① 中央民族大学：《学校简介》，http：//www. muc. edu. cn/survey/introduction. html，2016 - 10 - 23。

（一）培养壮语文专业本科生

1952年年初，中央民族学院（中央民族大学前身）开办了本科壮语专业班，共培养78人。“文化大革命”后，随着广西壮族自治区语委等相关机构的恢复，中央民族学院恢复了壮语言文学专业的招生。1983年正式恢复招收本科班，到1995年共培养103人（见表4－1）。1995年以后，采取综合性招收汉藏语方向进行培养，壮语文方向再没有单独招生。①

表4－1　1952—1995年中央民族大学壮语文专业（本科）人才培养情况

时间（年）	1952	1953	1954	1957	1963	1983	1985	1987	1990	1992	1995	合计
数量（人）	10	20	20	20	8	27	20	10	20	16	10	181

注：数据来自《壮文工作五十年》、《广西年鉴》，以及调研统计。

（二）培养壮语文专业大专生

据记载，中央民族学院在20世纪50年代招收壮语文大专班，招生两届，共培养学生42人。1985年，在广西壮族自治区民语委的协调和支持下，中央民族学院在广西壮文学校开办了壮语言文学大专班，招生6届，共培养学生476人（见表4－2）。

表4－2　1953—1991年中央民族大学壮语文专业（专科）人才培养情况

时间（年）	1953	1956	1985	1987	1988	1989	1990	1991	合计
数量（人）	20	22	101	105	96	30	52	92	518

注：数据来自《壮文工作五十年》、《广西年鉴》（1989、1990、1992年），以及调研统计。

① 摘自访谈日记。

（三）培养壮语文专业研究生

1983 年，中央民族学院壮语言文学专业招收了第一位硕士研究生。2004 年，中央民族大学壮语言文学专业招收了第一位博士研究生。截至 2007 年，共培养壮语文专业硕士研究生 45 人、博士研究生 18 人（见表 4－3、4－4）。2007 年以后，改为综合性培养壮侗语系研究生，壮语文方向不再单独招生。①

表 4－3　1983—2007 年中央民族大学壮语文专业（硕士）人才培养情况

时间（年）	1983	1985	1987	1989	1990	1994	1995	1996	合计
数量（人）	1	3	5	5	3	2	2	2	23
时间（年）	1999	2000	2001	2003	2004	2005	2006	2007	合计
数量（人）	2	1	5	1	3	4	1	5	22
总计（1983—2007 年）			45 人						

表 4－4　2004—2007 年中央民族大学壮语文专业（博士）人才培养情况

时间（年）	2004	2005	2006	2007	合计
数量（人）	1	5	6	6	18

注：数据来自《壮文工作五十年》。

二、广西民族大学培养壮语文人才

广西民族大学创办于 1952 年，原为中央民族学院（今中央民族大学）广西分院，1953 年更名为广西省民族学院，1958 年更名为广西民族学院，2006 年更名为广西民族大学，是国家民族事务委员会和广西壮族自治区人民政府共建高校，已发展成为培养民族

① 摘自访谈日记。

地区干部和各类高级专门人才的摇篮和促进民族团结进步的重要基地。[①]

广西民族学院 1960—1966 年创办了中文系等系科，形成了以大学系科与干训部、中学部“三位一体”的办学体制。“文化大革命”时期，学院被迫停止招生。1977 年恢复高考后，面向广西少数民族地区招收本专科学生。1988 年成立少数民族语言文学系。[②] 1998 年获中国少数民族语言文学硕士学位授予权。2000 年，广西民族学院中文系、民族语言文化系、对外汉语教学中心和大学语文教研室合并为中国语言文学学院，2006 年更名为文学院。2013 年获得中国语言文学一级学科博士学位授予权。[③]

广西民族大学先后培养了一批大专、本科、研究生等层次的壮语文专业人才，他们毕业后或在科研机构和新闻出版单位从事壮汉语言文学、文字、文献的研究、编辑及其管理工作，或在党政机关以及企事业单位从事文秘、宣传、群工等工作，或在民族地区教育行政部门或中等学校从事教育行政管理、壮汉双语文教学工作。

（一）开办壮语班

1952—1960 年，为适应党和国家在少数民族地区进行民主改革，建立民主政权和民族区域自治地方，恢复和发展生产，创建少数民族文字，进行社会主义改造等工作任务的需要，广西民族学院先后设置干训部、文化部和专业部，开办了政治训练班、壮语班、财经班等，培养初级专业人才、轮训干部。据统计，1952 年 4 月至

---

① 广西民族大学：《学校概况》，http：//www. gxun. edu. cn/xxgk1/xxgk1. htm，2016－10－23。

② 广西壮族自治区地方志编纂委员会：《广西通志·民族志》，1062～1063 页，南宁，广西人民出版社，2009。

③ 广西民族大学：《文学院简介》，http：//wxy. gxun. edu. cn/xygk/gxmzdxwxyjj. htm，2016－10－23。

1955年春，广西民族学院（现广西民族大学）先后举办了3期壮语班，招收具有初中以上文化水平的壮族青年，学习武鸣壮话。结业后，有的到壮校讲授壮语文，有的回到壮区推行壮文。①

（二）培养壮语文专业大专生

据记载，在20世纪50年代，广西民族学院已经开始培养壮语文专业大专生，共招收两届学生，1955年、1956年分别招收学生86人、50人，共计136人。②

（三）培养壮语文专业本科生

1983年7月，经有关部门批准，广西民族学院开设壮语文专业，招收全日制中国少数民族（壮）语言文学专业本科生，学制四年，授予文学学士学位，专业培养与管理设在中文系（2006年开始设在文学院）。③ 该专业培养具有壮汉双语言文学系统知识、写作能力、口头表达能力、社交能力、计算机应用能力等的高级专门人才。截至2017年，中国少数民族（壮）语言文学专业共招生570人（见表4－5）。

表4－5 1983—2017年广西民族大学壮语文专业（本科）人才培养情况

时间（年）	1983	1984	1985	1986	1987	1988	1989	1990	1991	1992	合计
数量（人）	35	38	42	26	30	33	29	28	19	20	300

① 广西壮族自治区地方志编纂委员会：《广西通志·教育志》，643页，南宁，广西人民出版社，1995。

② 罗黎明主编：《壮文工作五十年》，182页，北京，中国民族摄影艺术出版社，2007。

③ 广西壮族自治区地方志编纂委员会：《广西通志·民族志》，953页，南宁，广西人民出版社，2009。

续表

时间（年）	1996	1997	1999	2000	2001	2004	2005	2006	2007	2008	合计
数量（人）	18	23	21	12	4	17	6	11	6	8	126
时间（年）	2009	2010	2011	2012	2013	2014	2015	2016	2017		合计
数量（人）	6	15	13	14	20	17	19	20	20		144
总计（1983—2017年）				570人							

注：1983—2007年的数据来自《壮文工作五十年》、《广西年鉴》（1986—2008年），2008—2017年的数据来自调研统计。

（四）培养壮语文专业研究生

2003年，广西民族大学的中国少数民族（壮）语言文学专业开始招收硕士研究生。2014年，开始招收博士研究生。截至2017年，共培养壮语文专业硕士研究生109人、博士研究生6人（见表4－6、4－7）。

表4－6　2003—2017年广西民族大学壮语文专业（硕士）人才培养情况

时间（年）	2003	2004	2005	2006	2007	2008	2009	2010	合计
数量（人）	7	12	5	6	5	5	14	7	61
时间（年）	2011	2012	2013	2014	2015	2016	2017		合计
数量（人）	6	8	6	8	7	7	6		48
总计（2003—2017年）			109人						

注：2003—2007年的数据来自《壮文工作五十年》，2008—2017年的数据来自调研统计。

表4－7　2014—2017年广西民族大学壮语文专业（博士）人才培养情况

时间（年）	2014	2015	2016	2017	合计
数量（人）	1	2	2	1	6

注：数据来自调研统计。

三、广西壮文学校培养壮语文人才

广西壮文学校为壮语文人才培养做出了巨大贡献。据统计，广西壮文学校培养出来的学生，75%以上在全区民族地区各县（市）的民族局、民语委、民族中学、壮汉双语实验学校工作。其中武鸣、贵港、横县、德保等23个县（市）的民族中学和壮汉双语实验学校，90%的壮汉双语文教师都是广西壮文学校培养出来的学生。①

（一）广西壮文学校的发展

1955年12月，广西省人民委员会在《广西日报》上公布《壮文方案》（草案）。为了培养推行壮文的干部和师资，广西省委决定在当时的桂西壮族自治州建立壮文学校。1956年3月，在武鸣县灵水之滨成立桂西壮文学校。1958年3月，广西壮族自治区成立，桂西壮文学校更名为广西壮文学校，是自治区民族事务委员会、自治区少数民族语言文字工作委员会直属的中等专业学校。

1956年3月至“文化大革命”这段时间是广西壮文学校的初创时期，这一时期主要以培养扫盲师资干部力量为主，兼顾培养相关专门技术人才。“文化大革命”期间，由于壮文推行工作中断，广西壮文学校被迫停办。1974年10月，广西壮族自治区党委批准在广西壮文学校内成立广西民族干部学校，负责培训广西各民族地区的村级干部。1982年，广西壮文学校完成了由短期培训办学向普通中专办学的转变，从当年秋季起，广西壮文学校开办壮文中专班、文艺歌手班等。

2001年，经自治区政府教育厅批准，又在校内增办了广西民

① 广西壮文学校：《光辉五十年——广西壮文学校发展历程》，内部资料，2～4页，2006。

族高中。至此，广西壮文学校共有三块牌子一套人马①，形成了职业教育与基础教育并驾齐驱的格局。2004 年，广西壮文学校完成最后一批壮文中专班的招生。② 2007 年开始，广西壮文学校除了承担《壮语文》课程的教学及研究任务之外，主要负责全区学前壮汉双语师资的培训工作。

（二）广西壮文学校壮文师资培养

“文化大革命”之前，广西壮文学校培养了大量的壮文师资，其毕业生在壮文学校建立和壮汉双语教学方面做出了巨大贡献。

自 20 世纪 80 年代起，广西壮文学校除了与中央民族大学联合举办壮文大专班之外，还开办壮文中专班，为中小学培养壮汉双语师资。1982 年秋季起，广西壮文学校开办壮文中专班、文艺歌手班等，招收高中毕业生，学制两年。1985 年，经广西壮族自治区人民政府批准，广西壮文学校被确定为普通中等专业学校，面向全区招收壮文中专学生，主要培养小学教师和基层壮文工作干部③，在 1982—2004 年，共招生 3890 人（见表 4－8）。壮文中专班属于师范类性质，除了开设中等师范的课程之外，还开设壮文翻译、壮语语音、汉壮语法比较、壮族文选等课程。

表 4－8 广西壮文学校壮文中专班招生人数一览（1982—2004 年）

时间（年）	1982	1983	1984	1985	1986	1987	1988	1989	1990	1991	1992	1993	合计
数量（人）	100	102	186	225	274	289	175	172	163	167	165	180	2198

① 1994 年 3 月，广西民族干部学校经广西壮族自治区人民政府批准，更名为广西民族中等专业学校。“三块牌子”指广西壮文学校、广西民族中专、广西民族高中。

② 广西壮文学校：《光辉五十年——广西壮文学校发展历程》，内部资料，2～4 页，2006。

③ 广西壮族自治区地方志编纂委员会：《广西通志·民族志》，953 页，南宁，广西人民出版社，2009。

续表

时间（年）	1994	1995	1996	1997	1998	1999	2000	2001	2002	2003	2004	合计
数量（人）	176	201	197	204	202	181	169	142	126	47	47	1692
总计（1982—2004 年）					3890 人							

注：表中数据主要参考《壮文工作五十年》、《广西年鉴》（1985—2015年），部分数据来自调研统计。

1993 年起，广西壮文学校又增办了文艺、体育中专班，为小学培养音乐、体育师资。自建校以来，广西壮文学校以培养少数民族基层干部、壮文推行使用干部以及中小学壮汉双语师资为主要任务和目标，先后共培养了 3. 5 万多名民族基层干部和各类专业技术人才，其中壮文人才共计 18534 人。

第二节　民族中等师范学校开设壮语文课

1951 年，中央人民政府政务院批准颁布的《培养少数民族师资试行方案》指出："在发展师范教育的计划中，应根据各地区少数民族的人口多寡，教育工作的实际需要，为少数民族创办一定数量的师范学校，培养少数民族的初等教育师资。在尚未具备单独设立少数民族师范学校的条件的地区，可在一般的师范学校或中学内，增设少数民族师范班。"从 20 世纪 50 年代开始，广西省人民政府陆续开办了南宁民族中等师范学校、桂林民族中等师范学校和巴马民族中等师范学校、百色民族中等师范学校等，这些学校为中小学壮汉双语教师队伍建设做出了巨大贡献。

《培养少数民族师资试行方案》还指出："少数民族各级师范学校的学制、课程、教材，均以中央人民政府教育部的规定为基础，并结合各民族的实际情况斟酌变通。”在20世纪50年代末期至60年代初期，广西壮族自治区一些师范学校以《方案》的基本精神作为指导思想，开始探索为中小学培养壮汉双语师资。据记载，1957年秋，宜山、百色两个县的师范学校用壮文试教；[①]1961—1962学年度三年制中级师范学校教学计划规定，在壮族地区可开壮文课，三年级每周二课时。[②] 到了20世纪80年代，广西壮族自治区明确规定，民族中等师范学校从三年级开始开设壮语文课。

一、民族中等师范学校

20世纪50年代，为了加快少数民族地区的师资培养，广西省人民政府开办了南宁民族中等师范学校、桂林民族中等师范学校和巴马民族中等师范学校，70年代又建立了百色民族中等师范学校。[③]

（一）南宁民族中等师范学校

南宁民族中等师范学校是一所培养少数民族小学师资的中等专业学校，其前身为清道光三十一年（1905年）创办的南宁道师范学校，中华民国五年（1914年）改名为广西省立第三师范学校，面向桂西各县招生。民国十八年停办，民国二十八年复办，校名为南武师范。1950年，广西省人民政府将撤销的南宁女子师范和柳州幼儿师范并入南武师范，改名为广西南宁师范学校。1958年，

① 广西壮族自治区地方志编纂委员会：《广西通志·民族志》，950页，南宁，广西人民出版社，2009。

② 广西壮族自治区地方志编纂委员会：《广西通志·教育志》，643～644页，南宁，广西人民出版社，1995。

③ 广西壮族自治区地方志编纂委员会：《广西通志·民族志》，1051页，南宁，广西人民出版社，2009。

广西壮族自治区成立，自治区人民政府将桂西民族师范学校与南宁师范学校合并，改名为广西南宁民族师范学校。1958 年起，学校直属自治区教育厅领导，招收南宁市和南宁、玉林、钦州、百色、柳州、河池等民族地区的学生。1966—1969 年，学校停止招生，1969 年改为南宁市第十八中学，归南宁市管理。1972 年改为南宁市师范学校，招收高中毕业生和办师范短训班。1973 年恢复南宁民族中等师范学校校名，归南宁地区领导，直到 1976 年。1978、1979 年学校停止招生。1980 年，南宁民族中等师范学校恢复由自治区教育厅领导。1981 年起，学校走上正规办学轨道，采用 4 年制办学和全国统编教材教学。每年向南宁、玉林、钦州 3 个地区和南宁市有少数民族的县招收中师生 300 人。1985 年，广西小学教师培训中心设在南宁民族中等师范学校，实施“中华人民共和国联合国儿童基金会 1985—1989 年合作项目”，对全区小学培训、函授、电话教学进行指导，并通过各种形式培训在职小学校长和教师近 1600 多人。1986 年，学校增设 3 年制体育师资班和边境少数民族师资班。自治区民委举办的民族歌手班从 1991 年起开始办学。学校设有普师、体育、英语、计算机 4 个专业，学制 3 年。①

（二）桂林民族中等师范学校

桂林民族中等师范学校是一所培养少数民族师资的学校，其前身是广西特种教育师资训练所，创办于民国二十四年（1935 年）1 月。民国三十一年改名广西省立桂岭师范学校。1951 年 8 月，桂岭师范学校改名广西省民族师范学校，面向全省少数民族地区招生。1953 年 11 月改名广西桂林民族中等师范学校，1958 年以后，属自治区教育厅领导，面向桂林、柳州、梧州、河池、贵港 5 地、市招

① 广西壮族自治区地方志编纂委员会：《广西通志 · 民族志》，1066 ~ 1067 页，南宁，广西人民出版社，2009。

收少数民族初中毕业生。特种师范专业面向全自治区招生。学校设有中师普通班、中师英语班、特殊教育师范班、中师体育班，学制均为3年。内部设有小学教师培训中心、广西特殊教育师资培养培训中心。①

（三）巴马民族中等师范学校

巴马民族中等师范学校创建于1957年10月，建校时只有两个初师班，学生96人，教职工9人。从1958年秋天起招收中师班，后相继开办简师班、速成师资班、轮训班和函授班。1966年因“文化大革命”停办，1971年恢复办学，开办在职短训班。1972年秋，招收专业班和普通班，学制两年，培养初中、小学教师。1973年恢复民族师范，学制三年，每年招生300名。1977年秋天，全国恢复招生考试制度，学校按照国家计划每年招收高、初中毕业生200～300人，学制有2年制和3年制。1981年秋开始，学校改为专招初中毕业生，每年200名，学制4年。1993年6月，学制改为三年。②

（四）百色民族中等师范学校

百色民族中等师范学校创建于1973年10月16日。1973—1976年，每年招收来自百色地区12个县的各族学员300名，学制3年。1977—1979年，办专科，参加全国高考统一招生，每年招收200名，分文史、生化、数学、物理四个专业，学制两年，培养初中师资。1979—1981年，继续招收高中毕业生，学制2年，培养目标是

---

① 广西壮族自治区地方志编纂委员会：《广西通志·民族志》，1067～1068页，南宁，广西人民出版社，2009。

② 广西壮族自治区地方志编纂委员会：《广西通志·民族志》，1068页，南宁，广西人民出版社，2009。

小学教师。1981—1996年，招收初中毕业生入学，每年200人，学制4年，培养目标是小学教师。①

20世纪90年代初，随着少数民族地区初等教育的发展，原来在少数民族地区建立的普通中等师范学校转型成为民族中等师范学校。1993年3月，经自治区人民政府批准，南宁地区第一师范学校、南宁地区第二师范学校、柳州地区师范学校、钦州地区师范学校、河池地区宜山师范学校、百色地区田东师范学校等6所学校改为独立建制的民族中等师范学校。即南宁地区第一师范学校改为南宁地区第一民族中等师范学校，南宁地区第二中等师范学校改为南宁地区第二民族中等师范学校，河池地区宜山师范学校改为河池地区宜州民族师范学校，百色地区的田东师范学校改为百色地区的田东民族师范学校，柳州地区师范学校改为柳州地区民族师范学校，钦州地区师范学校改为钦州地区民族师范学校。

至此，在少数民族聚居的百色、河池、南宁三个地区各建立有两所民族中等师范学校，柳州、钦州两地区分别建有一所民族中等师范学校，全自治区共有10所独立建制的民族中等师范学校，每年招生4000多人。凡是自治区举办的民族中等师范学校，面向全自治区招生，特别是面向那些本地中等师范学校不能满足对少数民族师资培养需要的地区、民族杂居地区、边境地区和人口较少的少数民族招生，实行定向到县（个别定向到地区）招生和分配；地区举办的民族中等师范学校，主要面向本地区内招收少数民族学生，并根据实际需要，实行定向到乡招生，定向到乡分配，合理调配少数民族地区小学师资。这些民族中等师范学校及其学生，享受国家和自治区的有关待遇，学制3—4年，课程设置除按照国家同类学

① 广西壮族自治区地方志编纂委员会：《广西通志·民族志》，1068页，南宁，广西人民出版社，2009。

校统一规定外，适当增设少数民族政策、乡土教材和民族语文课程。①

二、民族中等师范学校开设壮语文课

（一）开课年级

1983年6月18日，广西壮族自治区人民政府办公厅下文（桂政办函［1983］237号），批复了《关于在民族师范开设壮文课程的报告》，并转发自治区语委、民委、教育厅，以及南宁、桂林、百色、河池地区行署教育局，批复指出："自治区人民政府同意从1983年起秋季起，在南宁、桂林、百色、巴马4所民族中等师范学校的三、四年级开设壮语文课。"因此，自1983年秋季开始，在民族中等师范学校三、四年级开设壮语文课程，为中小学培养壮语文师资。

（二）壮语文授课

民族中等师范学校开设壮语文课的主要对象是在校的壮族学生（其他民族学生愿意参加学习的也欢迎），以班级为单位授课，按照统一的壮语音课、语法课、写作课、实习课的次序进行教学。教学时间不少于200～300个课时，每周3～5个课时，要求学生掌握壮文基础知识，学会壮文的教学方法。②

自1983年秋天开始，南宁、百色、桂林、巴马等四所民族中等师范学校按自治区规定为壮族学生开班壮语文必修课。据统计，

---

① 广西壮族自治区地方志编纂委员会：《广西通志·民族志》，1051页，南宁，广西人民出版社，2009。

② 广西壮族自治区地方志编纂委员会：《广西通志·教育志》，644页，南宁，广西人民出版社，1995。

到1986年秋已有三届共1822名学生毕业①，1987年毕业学生1070人②，1988年毕业学生1099人③。至1990年，这四所民族师范学校已培养了壮汉兼通的师资、干部数千人。④

第三节 广西师范学院定向培养小学壮汉双语教师

2013年，为了从根本上解决中小学壮汉双语教师队伍存在的数量不足、质量不高等突出问题，自治区教育厅、人社厅、财政厅和自治区编办联合下发了《关于实施小学壮汉双语教师定向培养计划的通知》（桂教民教［2013］6号），决定从2014年至2018年，每年从壮汉双语乡镇招收100名初、高中优秀毕业生，由广西师范学院设置小学教育专业（壮汉双语方向），定向培养专科层次的小学全科壮汉双语教师，学制两年。2016年，自治区教育厅、人社厅、财政厅和自治区编办联合下发《关于调整小学壮汉双语教师定向培养计划的通知》（桂教民教［2016］9号）规定："从2016年入学的新生起，学制调整为3年，计划年限延长至2020年。"小学教育专业（壮汉双语方向）学生在修读年限内，免除学费，免收住宿费，并补助生活费。所学费用由自治区财政安排。在安排国家和自治区各项奖、助学金时，培养对象与同类学生享受同等待遇。毕业生到教学岗位后，市、县（区）人力资源和社会保障厅、编办等

① 广西年鉴编辑部：《广西年鉴》，627页，南宁，广西年鉴社，1987。

② 广西年鉴编辑部：《广西年鉴》，454页，南宁，广西年鉴社，1988。

③ 广西年鉴编辑部：《广西年鉴》，554页，南宁，广西年鉴社，1989。

④ 广西壮族自治区地方志编纂委员会：《广西通志·民族志》，953页，南宁，广西人民出版社，2009。

部门要及时为其办理录用、入编、工资等手续。

广西师范学院是首批广西特色高校建设项目立项建设高校、广西基础教育学校教学改革试点项目研修基地，被广西壮族自治区确定为自治区示范性教师教育基地、广西教育科学重点研究基地、拥有省级教师教学发展中心和省级教师创新创业能力发展中心。2003年1月1日，经自治区人民政府批准，自治区教育厅决定将创建于1905年的广西南宁民族师范学校并入广西师范学院，组建广西师范学院初等教育学院。2004年，广西师范学院初等教育学院开始设置本科小学教育专业，成为广西第一个开设全日制本科小学教育专业的高师院系。2014年，小学教育专业成为首批“广西高等学校优势特色专业建设点”，并成为广西唯一承担小学教育（壮汉双语方向）专业免费定向师范生培养的单位。

一、小学壮汉双语师资定向招生程序

（一）报送招生需求

自2014年起，每年年初区教育厅发出相关通知，由各有关县（市、区）教育局按照要求，根据本地壮汉双语小学的实际需求，会同有关部门提出当年小学壮汉双语师资定向培养计划，并于3月底前报送教育厅民教处。

（二）下达招生计划

在各地申报基础上，区教育厅下发《关于做好×年小学壮汉双语教师定向培养计划招生工作的通知》，对招生数量与专业、定向招生就业乡镇、培养学校、招生对象及条件、招生录取程序、签订协议等事宜做出要求。

表 4 – 9　2014—2017 年小学壮汉双语教师定向培养计划招生人数

招生时间	2014 年	2015 年	2016 年	2017 年	合计
招生人数	100 人	106 人	172 人	147 人	525 人

（三）综合择优录取

高考成绩达到当年自治区高职高专最低录取分数控制线以上的考生，按自治区招生考试院的有关填报志愿的时间及要求等规定，在高职高专提前录取批次志愿栏中填报广西师范学院的小学教育专业（壮汉双语方向）。广西师范学院组织考生（高考成绩达到当年自治区高职高专录取控制分数线，且成绩在自治区下达定向县区及乡镇招生计划数 1：1.5 的比例范围内）进行面试，主要对考生将来从事小学教师职业所需的基本条件、基本素质和发展潜能进行摸底考核。面试满分为 300 分，具体面试内容和分值为：形体仪表（50 分）、壮语表达（100 分）、普通话表达（100 分）、汉字硬笔书写（30 分）、特长展示（20 分）。广西师范学院综合高考成绩、面试成绩，择优录取。截至 2017 年，小学教育专业（壮汉双语方向）已招生 469 人（见表 4 – 10）。

表 4 – 10　2014—2017 年小学教育专业（壮汉双语方向）招生情况

序号	招生时间	招生人数	班级	学制	备注
1	2014	78	2	2	已毕业
2	2015	79	2	2	已毕业
3	2016	166	3	3	在读
4	2017	146	3	3	在读
合计		469	10		

（四）签订培养协议

由教育厅、人力资源和社会保障厅联合制定《广西小学壮汉双语教师定向培养计划协议书（样本）》，并在广西壮族自治区教育厅公众信息网民教处网页下载专区公布。由定向招生就业县（市、区）教育局上网下载协议书，按招生计划数，经本县（市、区）教育局、人力资源和社会保障局法定代表人签字并加盖公章后，寄送给广西师范学院招生就业处。广西师范学院将由本校和定向招生就业县（市、区）教育局、人力资源和社会保障局签字、盖章的协议书随本校录取通知书一并寄送录取考生。

二、小学壮汉双语师资定向培养的基本途径

2014 年 9 月，广西师范学院开始招收小学教育专业（壮汉双语方向）学生，通过设置专业课程、开展专业竞赛、参与实践活动、举办专家讲座等形式定向培养小学壮汉双语师资。

（一）设置专业课程

广西师范学院小学教育专业（壮汉双语方向）培养方案设置了 4 种课程类型：第一类是包括毛泽东思想和中国特色社会主义理论体系概论、思想道德修养与法律基础、教师职业道德与教育政策法规、壮族文化概论等在内的通识教育课程；第二类是包括儿童发展与教育心理学、EEPO 有效教育的理论与实践、普通话训练、教师口语、朗读技能指导与训练、三笔字、简笔画、“五课”活动与教师的专业成长等在内的教师教育课程；第三类是学科专业教育课程，分为学科专业教育必修课程和选修课程，必修课程围绕小学壮语文、小学汉语文、小学数学、小学艺术、小学体育四个方向开设相应的学科知识课程，选修课程主要围绕小学阶段各学科的教学设

计及心理健康辅导、综合实践活动指导等内容设计，学生任选四门课程修读；第四类是包括军事训练、社会调查与实践、教育见习、教育实习、基本功训练与考核（项目包括壮语、普通话、简笔画、美术字、粉笔字和钢笔字等）在内的实践类课程。本专业学生须修满116个学分方可毕业，其中通识教育课程19学分，教师教育课程25学分，学科专业教育必修课程46学分，专业选修课程2学分，教育实践课程22学分。

（二）开展专业竞赛

广西师范学院为小学教育专业（壮汉双语方向）学生举办汉字听写与汉字文化知识竞赛、标准壮文听写大赛、标准壮语朗读比赛等专业竞赛活动，提高学生的壮汉双语能力。其中，汉字听写与汉字文化知识竞赛帮助学生在学习中更深入地了解汉字，领略汉字的形态美、文化美，体会到中华汉字文化的博大精深，为规范书写汉字打好基础。标准壮文听写大赛不仅可以检验学生的壮文书写水平，还能培养学生学习壮文的兴趣与自信。标准壮语朗读比赛展示了壮语的独特魅力，使学生体验到学习壮语的乐趣，提高同学们学习壮语的积极性。①

（三）参与实践活动

广西师范学院组织小学教育专业（壮汉双语方向）学生参观广西民族博物馆、参加壮族文化传承节、观摩全区小学生讲标准壮语故事比赛等实践活动。其中，组织学生参观广西民族博物馆，学生体会到广西民族文化的博大精深、传承与发扬民族文化的重要性；组织学生到武鸣县太平镇庆乐小学参加以“传承文化、传播文明、

① 赵杨梅：《初等教育学院首届标准壮文听写大赛圆满结束》，http：//www.gxedu.gov.cn/Item/13024.aspx，2016－06－24。

传递幸福”为主题的壮族文化传承节，观看壮族盘歌、嘹歌等原生态的壮族歌舞，并参与了竹竿舞、抛绣球、三人板鞋、顶竹杠等具有浓厚壮族特色的文体活动，学生在实践中体会壮族文化的魅力，增强民族自豪感；组织观摩第三届全区小学生讲标准壮语故事比赛，增强了学生学好专业基础知识、掌握好扎实的壮语教学技能、为壮语教育贡献力量的决心。

（四）举办学术讲座

广西师范学院邀请区内民族教育管理人员及专家学者开展了题为《学好本领，为民族教育科学发展做贡献》、《关于汉语文学习策略》、《壮汉双语教学现状与对策》等学术讲座。其中《学好本领，为民族教育科学发展做贡献》介绍了广西壮汉双语教育发展的基本情况，详细解读了定向培养小学壮汉双语教师的政策；《关于汉语文学习策略》从加强记忆的角度来谈汉语文学习策略，帮助学生提高汉语文学习效率；《壮汉双语教学现状与对策》解读了《壮语文课程标准》，介绍了壮文标点符号的用法。学术讲座生动具体、深入浅出，加深了学生们对壮汉双语教学现状的了解，使学生们掌握了壮汉双语教育教学的方法，拓宽了学生们的专业视野。

三、小学壮汉双语师资定向培养毕业生的就业

（一）就业条件

小学教育专业（壮汉双语方向）学生毕业后取得普通高等学校专科毕业证、小学教师资格证书后，由协议县（市、区）按照协议安排就业，并到同级的人力资源和社会保障部门办理相关手续。

（二）履约管理

小学教育专业（壮汉双语方向）毕业生在壮汉双语小学或教学

点从事小学壮汉双语教学8年以上，毕业前及在协议规定的服务期内，不得报考其他脱产学历教育。毕业时不履行定向培养协议的，要按照规定退还已享受的免费教育费用并缴纳违约金。各地对服务期满的定向师范毕业生的学历深造、晋升职称、评优评先等方面给予倾斜。

四、小学壮汉双语师资定向培养取得的成就及存在的困难

（一）有效缓解了中小学壮汉双语师资匮乏的困境

在调研中，壮汉双语教研员、壮汉双语学校校长一致认为，小学壮汉双语师资定向培养及时地补充了壮汉双语教师队伍的数量，在一定程度上较好地缓解了中小学壮汉双语师资匮乏的困境。

一位壮汉双语教研员说：

> 前几年因为老师缺乏，我们县的壮汉双语小学不能按照教育厅的要求正常开课，2016年小学壮汉双语定向毕业生分配了几个，现在就能正常开设壮语文课，所以这个定向培养还是很有预见性的，很有效果。

一位壮汉双语小学的校长说：

> 我们学校目前有6个民族班，只有一名壮文老师，好在教育厅给我们这里定向培养了3名壮文老师，明、后年这些定向毕业生将会陆续上岗，到那时候师资就不成问题了。

（二）招收的学生起点低影响履约率

截至2017年，广西师范学院小学教育专业（壮汉双语方向）已经培养两届（2016、2017届）毕业生，共157人。由于学生基础薄弱，再加上在校时间较短，这些毕业生仅有60%左右的学生拿到教师资格证履约任教。对此，广西师范学院初等教育学院壮汉双语专业负责人解释说：

> 我们的小学教育专业招生分为本科生和壮汉双语定向培养生两种。教师资格考试不考壮语，只有汉考，为了让这些壮汉双语定向培养的学生拿到教师资格证，我们非常注重教师教育理论课程、学科教育汉语文系列课程这两类课程，因为这两类课程是教师资格考试的最重要的课程。在校期间，教师教育理论课程就开设了18门，涵盖了教师教育、教师资格考试所有的理论部分和实践部分，总学时544个学时，学分占到了25分，占总学分的21.6%；小学汉语文课程只开设了5门课程，总学时176个学时，学分占到了11分，占总学分的10%。此外，我们也动用了非常多的资源，给他们专门开设培训课，还请南宁市的教师资格证考试面试的考官为他们做现场辅导，而且我们院里的汉壮教研室全体与语文专业有关的老师，全部对学生进行一对一的辅导，结果今年毕业的学生的教师资格证过关率仍然是60%。而我们的小学教育专业本科生从来没有开设过一节培训课，也没有做过面对面的辅导，但是他们的过关率是98%。这就只能说明是学生基础的差别造成的，壮汉双语方向的学生是高职高专批录取，录取分数线基本在180~220分之间，但是小学教育专业本科生的录

取分数在 420 分以上。

（三）壮语文教材及学习资料匮乏

据了解，小学教育专业（壮汉双语方向）学生进校以后，面临的最大的问题就是没有适用的壮文专业教材。在自治区教育厅民教处的指导下，由广西师范学院初等教育学院组织相关人员编写了《壮语文基础》、《壮语口语》、《壮语文阅读》等 3 本教材，目前还有 2 本正在编写过程中。截至目前，这些教材已经运用到了 4 届学生的教学中，但是由于经费原因，这些编写的教材还未能正式出版。除此之外，可以辅助学生学习的壮文资料也很少，小学教育专业（壮汉双语方向）负责人说：

> 虽然中国民族语文专业中心向我们赠送过 200 本壮汉双语的书籍，包括字典和一些文献资料，区民语委、《三月三》杂志社、广西民族报社向我们捐了壮汉词汇等资料 700 多册，2016 年《三月三》杂志社又向我们捐赠了近千册的杂志，但是目前我们在校的这些学生手头上连一本壮汉双语的字典都没有，我们曾经向民语委求助，但说已经绝版了。

综上所述，60 年来，通过中央民族大学、广西民族大学、广西壮文学校培养大量的壮语文专业人才，以南宁民族师范学校为代表的民族中等师范学校在三、四年级开设壮语文课程，广西师范学院设置小学教育专业（壮汉双语方向）定向招收培养小学壮汉双语教师等途径，在一定程度上为广西壮族自治区开展中小学壮汉双语教育提供了师资保障。但是，近年来，随着广西壮文学校、民族中等师范学校退出中小学壮汉双语教师职前培养的历史舞台，以及小学教育专业（壮汉双语方向）毕业生不能保证全部进入小学壮汉双语教师编制等现实问题的存在，极大地影响了中小学壮汉双语教师队伍数量的补充。

第五章　广西中小学壮汉双语教师队伍继续教育状况

广西中小学壮汉双语教师队伍继续教育的基本途径有三条：一是学历继续教育，二是广西百名壮汉双语名师培养工程，三是在职培训。

第一节　广西中小学壮汉双语教师队伍学历继续教育

从前面的专业结构分析可以看出，有两条途径可以帮助广西中小学壮汉双语教师队伍提升学历：一是进入普通院校继续修读普通类学科专业，二是进入民族院校选择壮语文专业进行深造。在这里我们重点梳理广西中小学壮汉双语教师在民族院校接受与壮语文专业有关的学历继续教育的基本情况。

一、壮语文专科函授教育

从文献记载来看，在 20 世纪 80 年代，中央民族大学、广西民族大学都曾经举办过壮语文大专函授班、必修壮语文数学大专函授班，为中小学壮汉双语教师的学历提升提供了便利条件。

（一）壮语文大专函授班

壮语文大专函授班招收具有国民教育系列中专及以上学历、参加并达到全国成人高考录取分数线，且愿意从事壮语言文字的研究、编辑、教学等工作的在职人员，设置壮语文专业课程，学员平时以自学、做作业为主，寒暑假集中面授。据记载，在1987—1988年期间，中央民族大学壮语文大专函授班共招收285人；广西民族大学壮语文大专函授班在1988年招收64人。①

（二）必修壮语文数学大专函授班

必修壮语文数学大专函授班招收具有国民教育系列中专及以上学历、有志于在民族地区从事数学学科的研究、教学等工作，参加并达到全国成人高考录取分数线的在职人员。学员平时以自学、做作业为主，寒暑假集中面授。除了学习数学教育专业课程之外，还学习壮语语音、壮汉翻译等课程。据记载，1988年，中央民族大学必修壮语文数学大专函授班招收46人，广西民族大学必修壮语文数学大专函授班招收41人。②

二、中国少数民族语言文学（壮文）专业函授本科教育

针对中小学壮汉双语教师低学历比例较高的现状，自治区教育厅委托广西民族大学成人高等教育中国少数民族语言文学（壮文）专业，招收具有国民教育系列大专及以上学历、参加并达到全国成人高考录取分数线且有志于从事壮汉双语教学的壮汉双语教学实验

① 罗黎明主编：《壮文工作五十年》，182～183页，北京，中国民族摄影艺术出版社，2007。

② 罗黎明主编：《壮文工作五十年》，182～183页，北京，中国民族摄影艺术出版社，2007。

学校和民族中小学在编教师，发挥培训专题针对性和学历教育系统性的优势，量身定制课程，聘请区内外的壮汉双语教育教学专家在寒暑假时间集中面授，学制三年。教师每次参加培训均计算学分，修满学分并达到自治区壮文水平测试中级以上水平后即可获得本科学历文凭。2013 年开始招生，截至 2017 年，共招收 516 名学员进行培养（见表 5－1）。

表 5－1　中国少数民族语言文学（壮文）专业函授本科招生情况

招生时间	2013 年	2014 年	2015 年	2016 年	2017 年	合计
招生人数	176 人	179 人	停招	83 人	78 人	516 人

（一）培养规格

中国少数民族语言文学（壮文）专业函授本科主要学习壮族语言、文学、文献方面的基本理论和基础知识，系统接受相关理论、发展历史、研究现状等，系统学习教育心理学、教学设计与技巧、班级管理等教育、教师专业所需业务能力的基本训练。通过本专业的学习，应该具备以下六个方面的素养：具备较为丰富的壮民族文化知识，了解壮民族民俗、民歌以及具备相应的民族理论与民族政策；熟练掌握壮语听、说、读、写、译，并掌握壮文教学能力；能借助计算机等现代教育技术手段，具备相应学科的授课技能以便更加有效地传道、授业；能熟练运用教育学和心理学的相关知识对学生的身心发展进行引导；具备较强的班级管理技能；教学科研能力、论文写作能力等得到相应提高。

（二）开设课程

开设的课程共有公共基础课、专业基础课、专业课、教育实践、专业限选课、任意选修课等六个课程模块。公共基础课包括政治理论课、英语、计算机应用基础、教育学、教育心理学，共计18学分；专业基础课包括民族理论与民族政策、语言学概论、壮语语音、壮文写作，共计18学分；专业课包括壮族传统文化概论、现代壮语、教学设计与技巧，共计22学分；教育实践包括毕业实习、毕业论文（设计），共计6学分；专业限选课包括翻译理论与实践、微课与慕课制作、班级组织与管理、多媒体课件设计与制作、教育科研方法与论文写作、普通逻辑学、美学概论，共计28学分；任意选修课包括壮族古籍与古文字、壮族歌谣概览、现代批评方法、汉语史等，共计10学分。其中必修课须修满64学分，限定选修课须修满16学分。

（三）毕业要求

学员按照要求修完所有课程，最低毕业学分为80学分；学员必须参加广西壮语文水平考试并通过“中级”或以上级别的考试；外语必须通过广西民族大学学位委员会组织的成人本科学位外语考试，方能授予文学学士学位。

通过三年的培养，中小学壮汉双语教师习得了壮语文知识、壮民族文化知识，壮语文听、说、读、写、译等方面的能力得到大幅度提高，小学语文、数学等课程的教学技能以及班级管理、多媒体课件设计与制作等方面的素养也得到了加强。

第二节　广西百名壮汉双语名师培养工程

为了培养一批具有引领作用的壮汉双语骨干教师，2013年1月经广西壮族自治区教育厅批准设立了“广西百名壮汉双语名师培养工程”，委托广西师范学院教育科学学院实施。同年3月，该项工程启动。“广西百名壮汉双语名师培养工程”培养过程包括遴选培养对象、实施集中培训、参加教研会议、组织跟岗研修、开展个性化指导等。

一、遴选培养对象

广西壮族自治区教育厅从全区壮汉双语学校中选派150名教师，广西师范学院对其进行为期5天的培训后，组织相关专家遴选出104名壮汉双语骨干教师作为名师培养对象。

（一）一次遴选

2013年1月，按照区教育厅《关于开展广西百名壮汉双语名师培养工程遴选工作暨第一次培训班的通知》（桂教办［2013］35号文件）要求，采取学校推荐或自愿报名参加的方式，从全区壮汉双语学校中选派150名壮汉双语教师。

（二）二次遴选

2013年3月10—15日，广西师范学院教育科学学院领导向150名壮汉双语教师解读了“广西百名壮汉双语名师培养工程”的培养方案，邀请自治区教育厅民教处韦兰明处长讲述了壮汉双语教育新发展，邀请区内外的有关专家学者开展了“课堂教学改革理论与实践课”、“校长视野下的教师专业发展”、“有效教学：名师成长的新途径”、“教学交往中对话品性的迷失与回归”、“名师从研究身边的问题做起”、“如何做幸福教师”等专题讲座，并以“我的教学故事”为主题组织壮汉双语教师分享了自己的教学生涯中的经验与困惑。

2013年3月16日，经教育厅和广西师范学院专家考核，最后遴选出104名壮汉双语教师为“广西百名壮汉双语名师培养工程”

培养对象。

二、实施集中培训

（一）壮汉双语教研教改培训

为了提升壮汉双语骨干教师基础教育理论水平和双语教育教学理论素养，引导教师掌握双语教学的规律和发现壮汉双语教学过程中存在的问题，2013 年 9 月 22—28 日，广西师范学院教育科学学院围绕壮汉双语教学改革、壮汉双语教学研究两大主题，采取专家讲座、案例学习、问题研讨等形式开展了培训。

在壮汉双语教学改革方面，邀请区内外专家学者开展了双语教学改革现状与发展趋势、多元智能理论对壮汉双语教学的启示、参与式教学在双语教学中的运用、小学语文课堂教学设计与实施、小学阅读教学改革、小学写作教学改革、小学识字教学改革等专题讲座，组织学员制定课堂教学改进行动方案。

在壮汉双语教学研究方面，开展了以“壮汉双语教学的研究方法”为题的讲座，组织学员申报壮汉双语课堂教学改革课题、制定个人科研方案，并在此次培训中指导学员完成了“三年成长计划”。

（二）信息技术课堂应用培训

2014 年 11 月 28 日—12 月 6 日，聘请全国教师信息技术培训专家、广西师范学院计算机信息工程学院教育技术专家，从信息技术优化课堂教学管理、数字学习环境、PPT 的设计及应用、微课设计等四个方面开展培训。

信息技术优化课堂教学管理培训主要是对信息技术发展趋势对教育产生的影响、教育技术在教学上的新应用等知识作了介绍；数字学习环境介绍了各学科电子白板使用案例、交互电子白板教学、电子双板数字教室系统、多媒体信息集成工具等；PPT 的设计及应用介绍了 PPT 的设计、PPT2010 可视化的设计、PPT 的高级应用、PPT 辅助软件与素材收集等内容；微课设计的培训主要介绍了微课的设计原则及应用形式、微课开发展现型设计工具、微课录制与声音处理软件等，呈现微课优秀案例与获奖作品赏析，并以此为实例演示了微课选题、微课教学设计、微课开发模式与准备的基本方法、微课声音与字幕设计、交互式微课设计等方法。通过学习和实践操作，每个学员提交了微课作品，并开展了优秀学员作品展示与分析。

（三）壮汉双语教师基本素养培训

2015 年 4 月 22—27 日，邀请中央民族大学教育学院滕星教授、海路博士分别作了题为《理想与现实的冲突：中国少数民族双语教育的理论与实践》、《语言习得顺序与壮汉双语教育模式选择》的报告，并邀请区内专家开展了乡村教师心理健康及维护、翻转课堂理念及实践、壮汉双语教师礼仪实训、壮文水平测评等专题培训，帮助壮汉双语教师了解现代民族教育理念，加强礼仪及师德修养，提高心理健康水平和现代教育技术素养。

三、参加教研会议

（一）名师课堂教学现场观摩会

2014 年 2 月，组织学员参加“全国小学名师课堂教学现场观摩会”，会议以小学数学课本涉及较多的四大领域“数与代数、空间与图形、统计与概率、综合与实践”为教学研究重点，通过名师现场教学观摩、案例分析、理论提升讲座、与名师面对面讨论等形式，探讨有效课堂教学的方式、方法，研究总结教育教学新经验。

通过此次会议，进一步提升了壮汉双语教师的学科专业素养。

（二）全国双语教育学术研讨会

2015年9月29—30日，广西师范学院教育科学学院组织全体学员参加了在广西民族大学召开的第二十一次全国少数民族双语教育学术研讨会。通过此次研讨会，学员们认真领会了中央民族工作会议和第六次全国民族教育工作会议精神，进一步学习了我国双语教育研究的新理论、新成果以及双语教育工作的新经验，对我国的语言政策、双语教育与民族文化传承、双语教育发展对策、双语教育发展模式、双语教师专业发展以及双语教材、教法改革等内容有了更深刻的认识，更加坚定了加强研究与探索推进壮汉双语教育工作、推动壮汉双语教育理论和实践发展的决心和信心。

四、组织跟岗研修

（一）普通学校跟岗研修

为了提高壮汉双语教师的教学设计水平，促进教学行为的改变，提高课堂教学水平，培养他们发现问题、解决问题的能力，2013年11月29日—12月7日，组织学员到南宁市民主路小学、衡阳路小学、华强小学、北湖路小学、南师附小五所小学进行跟岗学习，分为4组，每组26人。此次研修分为两个阶段开展工作：第一阶段（11月30日—12月1日）做好跟岗研修前的准备工作，邀请专家开展了“课堂观察的技术与教学行为改进”的专题讲座，从理论上为学员跟岗研修做好了准备。同时，学科导师指导学员做好跟岗前的各项准备。第二阶段（12月2—6日）组织各组学员进驻研修基地跟岗研修，参与研修基地学校的课堂教学、教研、教学交流、校园文化建设等活动，了解这些学校的办学理念、办学思路、教改实践及教育管理举措等。在研修期间还安排学员上展示课，并开展教学研讨活动，撰写《我的跟岗研修故事》。跟岗研修结束后，还组织学员分学科组交流分享跟岗研修的收获。

（二）双语学校跟岗研修

2015 年 9 月 13—27 日，广西师范学院教育科学学院组织壮汉双语教师到吉林省延吉市的中央小学、建工小学、延北小学、延南小学等 7 所朝汉双语学校开展跟岗研修，学习区外兄弟民族双语教育教学的先进经验。研修期间，在延边大学指导教师、朝汉双语学校实践导师的指导下，壮汉双语教师完成了听课、评课、备课、上研讨课、教学反思、课堂重建和撰写研修感悟等一系列活动，积极参加研修学校实践导师及所在教研组的集体备课、案例分析、专题研究、问题解决等教研活动，学习这些学校的文化建设和班级管理，并以小组为单位完成跟岗研修简报，在总结会上汇报、分享研修资源及心得体会。

通过两次跟岗研修活动，进一步规范了壮汉双语教师的课堂教学，促使他们由学习型的教师向研究型的教师转变。在教学行为方面也发生了一些改变，这些教师能够更加关注、研究、评价教学细节，不断提高教学效率。同时，也养成了良好的教研意识和习惯，能够努力探索和研究适合学生特点、能促进学生全面发展的教学方法，和同科教师、其他学员一起共同探索教学中的难点问题和创新性问题。

五、开展个性化指导

（一）配备导师

以小组为单位，为参加培训的壮汉双语教师配备理论导师、实践导师各 1 名，建立导师与培养对象常规化沟通机制，借助于网络或面对面的方式，指导壮汉双语教师结合学校实际，开展教学实践、课程开发、教育科研等活动。

（二）跟踪指导

2014 年 3—12 月，导师到培养对象所在单位进行面对面指导，通过听课、查阅培养对象的有关资料，以及与培养对象所在学校的领导、教师、学生交谈了解培养对象成长进度，检查个人发展计划执行和落实情况，有针对性地提供个性化的指导意见和建议。

经过三年的系统培养，广西百名壮汉双语名师培养工程有 93 名教师顺利完成学业，其中 53 人被评为“优秀培养对象”。通过培养，这些学员成长进步很快，2013 年 1 月—2015 年 12 月，共完成教案 499 篇、教学视频 193 个、各项作业 826 次；撰写、发表论文 638 篇，其中省部级 27 篇、厅级 40 篇、市级 336 篇、项目论文比赛 235 项；申报立项科研项目 186 项，其中国家级 2 项、省部级 15 项、厅级 43 项、市级 110 项；公开课展示 206 次，其中省部级 6 次、厅级 27 次、市级 72 次、项目组织 101 次；获奖 1459 人次，其中国家奖项 68 人次、省部级奖项 432 人次、厅级奖项 324 人次、市级县级奖项 635 人次。①

第三节　广西中小学壮汉双语教师队伍培训

一直以来，自治区人民政府及各级主管部门，都非常重视壮汉双语教师的培训。如 1983 年 7 月，自治区人民政府批转区语委、

① 摘自调研统计。

民委、教育厅关于在马山等22个县部分小学使用壮文教学试点的报告，要求各县选好点，首先要培训配备壮文教师。① 广西中小学壮汉双语教师队伍培训的形式主要有壮文短期轮训、壮汉双语教师专项培训、壮语文知识培训等。

一、壮文短期轮训

广西壮文学校以及市、县办壮文学校，培训了大量的壮汉双语教师。据统计，1956—1960年上半年，全自治区培训壮文推行干部（含不脱产）及教师共计136984人。其中，各级壮文学校培训壮文推行干部（含不脱产）及教师64350人②，占这一时期培训总人数的47%。1989年，自治区、地区、县三级壮文学校举办各种短期轮训班，轮训在职县、乡、村领导干部、中小学领导和教师、民间文学工作者、壮族歌手、地名普查员、应届大中专毕业生等6325人，其中干部和小学教师3253人，大中专毕业生2904人。③

（一）广西壮文学校开办壮文短训班

广西壮文学校的毕业生在壮汉双语教师培训方面做出了很大贡献。据记载，1957年，桂西壮文学校第一期学员1100人毕业回到各县，有的已经培训出第一批基层壮文教师。④

除此之外，广西壮文学校开办壮文短训班培训壮汉双语教师。

---

① 广西壮族自治区地方志编纂委员会：《广西通志·教育志》，644页，南宁，广西人民出版社，1995。

② 广西壮族自治区地方志编纂委员会：《广西通志·民族志》，951页，南宁，广西人民出版社，2009。

③ 广西壮族自治区地方志编纂委员会：《广西通志·民族志》，956页，南宁，广西人民出版社，2009。

④ 广西壮族自治区地方志编纂委员会：《广西通志·民族志》，950页，南宁，广西人民出版社，2009。

壮文短训班主要采取短期培训方式，一般为三个月至一年，先后开办的有壮文学习班，培训壮文师资力量；开办壮文师训班，为农村培训小学教师。据统计，在1956—1979年期间，广西壮文学校开办的壮文学习班、壮文文艺班、壮文专干班、师训班、基层干部班，共计培训10818人（见表5-2），其中壮文学习班4800人、壮文师训班2800人，共计7600人[①]，占这一时期培训人数总数的70%。据记载，1956—1960年上半年，广西壮文学校培训壮文推行干部（含不脱产）及教师7030人。[②]

表5-2　1956—1979年广西壮文学校短训班培训人数一览

时间	1956—1966年	1958—1960年	1958—1959年	1959—1961年	1970—1979年	合计
班级	壮文学习班	壮文文艺班	壮文专干班	壮文师训班	基层干部班	
人数	4800	800	200	2800	2218	10818

注：表中数据主要参考《壮文工作五十年》。

1980年7月，广西壮族自治区党委和人民政府做出了广西壮文学校恢复招生的指示，从下半年起，广西壮文学校开办壮文短训班。在1980—2007年期间，广西壮文学校的壮文短训班共计培训3324人（见表5-3），其中中小学教师占很大的比例。

表5-3　1980—2007年广西壮文学校短训班培训人数一览

时间	1980	1981	1982	1983	1984	1985	1986	1987	1988	2000	2003	2006	2007	合计
人数	50	524	397	563	566	494	236	102	126	39	31	123	73	3324

注：表中数据主要参考《壮文工作五十年》、《广西年鉴》（1985—2007年）。

---

① 罗黎明主编：《壮文工作五十年》，181页，北京，中国民族摄影艺术出版社，2007。

② 广西壮族自治区地方志编纂委员会：《广西通志·民族志》，951页，南宁，广西人民出版社，2009。

（二）市、县办壮文学校开办壮文短训班

20世纪50年代中期，广西各级党政单位非常重视壮文推行工作，壮族聚居的有52个县（市）建立了壮文学校，各县由1名副县长分管壮文推行工作，有的还兼任壮文学校校长。[①] 1955年，龙胜各族自治县成立壮文学校。1956—1957年，先后有田阳、来宾、融安、宁明、百色、石龙、凭祥、环江等县开办壮文学校。接着，全自治区壮族聚居的52个县（市）都有了壮文学校。1958—1964年，石龙、来宾、象州、武宣、环江、龙胜等壮文学校曾一度停办，后复办。[②] 1964年4月，壮文学校恢复办学的增加到12所，1966年，农村推行壮文的县已有21个，壮文学校恢复办学的有37所。[③] “文化大革命”期间，壮文学校全部停办。自治区各市、县办的壮文学校属于进修学校性质[④]，这些学校在中小学壮汉双语教师队伍建设方面的贡献在于承担了中小学壮文师资的培训工作。据记载，1957—1966年，全自治区成立了市、县级壮文学校52所，先后培训壮文专业教师8000多人。[⑤]

1982年8月2日，自治区人民政府发出《关于恢复建立马山等22个县推行壮文机构的通知》，同意马山等22个县恢复建立壮文

---

① 广西壮族自治区地方志编纂委员会：《广西通志·民族志》，952页，南宁，广西人民出版社，2009。

② 广西壮族自治区地方志编纂委员会：《广西通志·民族志》，1052页，南宁，广西人民出版社，2009。

③ 广西壮族自治区地方志编纂委员会：《广西通志·民族志》，952页，南宁，广西人民出版社，2009。

④ 广西壮族自治区地方志编纂委员会：《广西通志·民族志》，1052页，南宁，广西人民出版社，2009。

⑤ 广西壮族自治区地方志编纂委员会：《广西通志·民族志》，952页，南宁，广西人民出版社，2009。

工作委员会和壮文学校。此后，其他县市原有壮文工作委员会和壮文学校也陆续恢复。[①] 1982—1984 年上半年，田阳、来宾、环江、百色等县（市）21 所壮文学校先后恢复。1984 年下半年至 1985 年，象州、武宣、宁明、邕宁、扶绥、龙胜等县（自治县）31 所壮文学校复办。[②] 1986 年，南宁地区、百色地区、柳州地区和武鸣等 53 个县、市的壮文学校得到加强。[③] 这一时期，广西壮族自治区县级壮文学校举办各种短期轮训班培训中小学壮汉双语教师。

1987 年，随着广西壮族自治区第一、二批壮文进校的 23 个县的壮文小学学生毕业，又在县壮文学校招初中生（武鸣、德保单独建壮文初中），这时候县壮文学校又称壮文初中，以后在壮文进小学第四、五批中，有壮文小学毕业生的县都在县壮文学校办壮文初中。1990 年 6 月后，广西壮族自治区决定各县壮文学校、壮文初中统一实行两块牌子（县民族中学、县壮文学校），一套人马建制，有壮文进学校任务的 23 个县壮文学校，原有教师能上课的任初中壮文必修课教师，不能上课的当干事，有的到壮文小学当辅导老师。[④]

二、壮汉双语教师专项培训

广西壮族自治区教育厅针对壮汉双语教师开展的专项培训包括全员培训、骨干教师培训、学科教师培训等。

---

① 广西壮族自治区地方志编纂委员会：《广西通志·民族志》，953 页，南宁，广西人民出版社，2009。

② 广西壮族自治区地方志编纂委员会：《广西通志·民族志》，1052 页，南宁，广西人民出版社，2009。

③ 广西年鉴编辑部：《广西年鉴》，627 页，南宁，广西年鉴社，1987。

④ 广西壮族自治区地方志编纂委员会：《广西通志·民族志》，1052 页，南宁，广西人民出版社，2009。

（一）壮汉双语教师全员培训

对全区所有壮汉双语学校的教师开展全员培训，包括壮汉双语培训和学科教学培训。如 1995 年，利用联合国儿童基金会资金培训壮汉双语文学校教师近 2000 人；2011 年，实施国家中央民族教育专项双语教师培训项目，培训双语教师 2056 人次。①

（二）壮汉双语骨干教师培训

自治区教育厅举办壮汉双语骨干教师培训班，培训壮语文知识、双语教育教学技能、现代信息技术等。如 1993 年，在贵港市古山小学举办壮文教学培训班，部分实验县教研室壮文教研员、实验学校骨干教师参加了培训；1997 年，举办壮语文教学观摩培训班，培训教学骨干 40 人；1999 年 10 月，自治区在贵港市覃塘管理区举办壮汉双语文教学座谈会暨壮文实验学校校长、教学骨干培训班，培训 110 人；② 2002 年，在贵港市覃塘管理区举办壮文进校实验学校校长、骨干教师培训班；③ 2008 年，举办壮语文师资培训班，培训壮汉双语教师 140 人；④ 2010 年，举办壮文小学骨干教师培训班和壮文小学校长培训班，共培训 175 人。⑤

与此同时，县级教育行政部门也组织壮汉双语教师培训。如 1995 年，有关各县和实验学校普遍对教师进行壮语文基础知识和壮汉双语文教学法培训；2009 年，有关市、县举办壮汉双语教师基础知识培训班和壮文小学骨干教师培训班。⑥

---

① 广西壮族自治区人民政府：《广西年鉴》，327 页，南宁，广西年鉴社，2012。
② 广西壮族自治区人民政府：《广西年鉴》，322 页，南宁，广西年鉴社，2000。
③ 广西壮族自治区人民政府：《广西年鉴》，426 页，南宁，广西年鉴社，2003。
④ 广西壮族自治区人民政府：《广西年鉴》，379 页，南宁，广西年鉴社，2009。
⑤ 广西壮族自治区人民政府：《广西年鉴》，303 页，南宁，广西年鉴社，2011。
⑥ 广西壮族自治区人民政府：《广西年鉴》，387 页，南宁，广西年鉴社，2010。

（三）壮汉双语学科教师培训

自治区教育厅委托广西师范学院开展壮汉双语学科教师培训，提升壮汉双语教师的课堂教学能力。如 2014 年 11 月 1—7 日，广西师范学院初等教育学院开展了全区壮汉双语小学教师语文课堂教学能力提升培训项目，来自武鸣、上林、隆安、武宣、贵港等 35 个县区的 104 名小学语文教师参加了培训。这次培训依据壮汉双语学校教师实际和小学语文学科特点，把“依缺培训、按需培训”作为培训的基本策略，采取以课堂教学为主、课外活动相结合的培训模式，以“做有尊严的语文老师”为主线，围绕教学核心问题，邀请了字理教学与字理教育的倡导者与实践者黄亢美研究员、南宁市五象小学校长莫莎莎等一大批业内名师专家为培训班学员进行课堂教学培训活动。2014 年 10 月 21—27 日，广西师范学院初等教育学院完成了壮汉双语小学教师数学课堂教学能力提升培训项目，来自武鸣、横县、上林、覃塘等 23 个县（区）的 104 名小学数学教师参加了此次培训。此次培训依据壮汉双语学校教师实际，本着“学了有用，用了有效”的原则，邀请来自深圳的全国优秀教师、北大教育学院特聘专家以及“大问题教学”的倡导者和实践者等一批业内名师名家为培训班学员进行课堂教学培训活动。

三、壮语文知识培训

为了贯彻落实《教育部办公厅关于做好少数民族双语教师培训工作的意见》（教民厅［2011］7 号）精神，广西壮族自治区教育厅以少数民族地区教育特殊补助经费为主，以自治区民族双语教育专项经费为辅，多方筹集资金，自 2012 年起委托广西民族大学开展壮汉双语教师壮语文知识培训，不断提高壮汉双语教师的专业水平。在开展培训过程中，针对中小学壮汉双语教师的壮语文基础的差异，设置壮语文知识基础培训班、初级培训班、中级培训班和高级培训班，进行四个层次的壮语文知识培训。

（一）壮语文知识基础培训班

壮语文知识基础培训班的培训对象是全区有关县（市、区）壮汉双语小学、初中及开设壮语文选修课的普通高中壮语文零基础或基础较薄弱的教师。通过培训，使壮汉双语教师了解《壮文方案》的创制历史、基本内容和重要意义；了解语音的基础知识，熟悉壮文元音、辅音的发音部位和发音方法；了解壮文拼音方案和汉语拼音方案的关系；能够识读壮文 22 个声母、108 个韵母、8 个声调；能准确地拼读音节，基本具备直呼能力；掌握壮文的书写规则。

壮语文知识基础培训班依据《壮文方案》，系统教授标准壮语的基础语音知识，包括声母表、韵母表、声调表，壮语的音节结构和壮文的书写规则。加强发音和口语练习，培养中小学壮汉双语教师壮语文的基础识读能力。培训的主要内容有壮文的基本情况，语音基础知识，壮文声母、壮文韵母、壮文声调、壮文音节拼读，壮文书写规则等。在壮语文知识学习的基础上开展一些拼读练习，如《称谓》、《动物》、《水果》、《蔬菜》、《刘三姐》、《民族》等，并帮助学员了解和练习壮文等级考试的初级试题。

（二）壮语文知识初级培训班

壮语文知识初级培训班的培训对象主要是全区有关县（市、区）壮汉双语小学、初中及开设壮语文选修课的普通高中的掌握壮文声韵调拼及直呼等壮语文语音基本功、有一定壮语文基础的教师。通过培训，使教师掌握壮文声韵调的有关知识和发音要领，准确、熟练读出壮文声韵调，准确听写壮文声韵调；能够理解壮语 36 个主题句型的含义，能初步应用壮语 36 个主题句型；掌握 3000 个壮语常用词汇基本含义，能正确拼写壮语常用词汇，并能运用壮语常用词汇造句；掌握壮语语法的基本知识；能用壮文写不少于300个音节的文章。

壮语文知识初级培训，帮助教师在巩固语音基本功基础上加强阅读和拼写训练，熟练直呼壮文音节，较流利地朗读壮文句子和短文。培训内容的内容有壮语句型、壮语常用词汇（1～3000）、壮语基本语法、壮文写作。其中壮语句型包括壮语问候、介绍、拜访、邀请句型，壮语问物品、问时间及年、月、日句型，壮语问路、问数量、找人句型，壮语谈语言、谈农事、谈节日、谈饮食句型，壮语谈家庭、谈籍贯、谈穿着、天气句型，壮语谈爱好、风俗习惯、游览观光、打电话句型；壮语购物、谈生意、乘车、理发句型，壮语照相、住旅馆句型，壮语在餐馆、银行邮局、医院句型，壮语请求、道歉、告别句型。在壮语文知识培训的基础上，组织学员进行壮语文等级考试模拟测试，为参加壮文等级考试做好准备。

（三）壮语文知识中级培训班

壮语文知识中级培训班的培训对象主要是全区有关县（市、区）壮汉双语小学、初中及开设壮语文选修课的普通高中壮语文基础较好的教师。通过培训，使教师能准确、流利地朗读壮文文章，了解并掌握壮语语法，能进行壮、汉两种语言文字互译，具备较强的壮文阅读和写作能力，词汇量达到4000个以上，能用壮文写不少于500个音节的文章。

壮语文知识中级培训侧重于壮语文听、说、读、写的综合训练。培训内容有壮文写作、壮语文选、壮语语法概说。其中壮语文选主要学习《刘三姐》、《花山崖壁画》、《妈勒访天边》、《红之韵》、《三月三歌圩》、《铜鼓》、《壮锦》、《槐香六月》、《百鸟衣》、《俗语》、《我们伟大的祖国》等；壮文写作主要通过《中国—东盟博览会》、《莫一大王》、《布洛陀》（1—4）、《瓦氏夫人》、《蟒蛇的故事》、《一幅壮锦》（上、下）、《思念家乡》、《孙悟空偷盐》、《为人民服务》、《学习》、《夜宿白帝村》、《姑娘灯》、《太阳月亮和星星》等习作进行学习。除此之外，还开展壮语水平考试（中级）模拟练习及讲解活动。

（四）壮语文知识高级培训班

壮语文知识高级培训班的培训对象主要是全区有关县（市、区）壮汉双语小学、初中及开设壮语文选修课的普通高中壮语文水平较高的教师。通过培训，旨在使教师掌握壮语方言和标准语的语音对应关系，能准确、流利、有感情地朗读壮文文章，能熟练进行壮、汉两种语言文字互译，能熟练地用标准语进行交际，能用壮文写不少于800个音节的常用体裁文章，词汇量达到5000个以上。

壮语文知识高级培训侧重于本地壮语方言土语和标准语的语音对应规律，以及壮、汉两种语言文字熟练的互译能力。培训内容主要有壮语方言土语和标准语之间常见的语音对应关系、壮语文选、壮文写作。组织学员学习壮语格言、壮族谚语、壮族情歌、壮族嘹歌、壮族歌圩、壮族农耕文化与农耕词汇、壮族饮食文化和节庆习俗等知识，组织学员开展壮文朗读活动以及民间文学的收集与整理等活动。

壮语文知识培训采取集中培训和网络指导相结合的形式，集中培训由专业教师进行课堂授课，课时约87个学时，每天6个学时；网络指导主要通过互联网和多媒体技术对学生进行学习和复习指导，课时约93个学时，每天1个学时。为了提高培训的实效，针对这四个层次的培训分别编写了初级、中级、高级壮汉双语教师培训教材——《壮语文教程》。截至2017年，参加壮语文知识培训的壮汉双语教师共有875人次（见表5－4）。

表 5-4　2012—2017 年壮汉双语教师参加壮语文知识培训班情况一览

培训时间	2012 年	2013 年	2014 年	2015 年	2016 年	2017 年	合计
培训人次	62 人次	108 人次	81 人次	195 人次	212 人次	217 人次	875 人次

20 世纪 50—80 年代，广西中小学壮汉双语教师主要通过壮文短期轮训班提升专业水平。从 20 世纪 90 年代开始，自治区教育厅组织中小学壮汉双语教师专项培训，开展全员培训、骨干教师培训、学科教师培训等活动。2010 年以后，针对中小学壮汉双语教师数量不足以及壮语文水平参差不齐的现状，自治区教育厅又增设了壮语文知识培训。以上这些培训活动在增加中小学壮汉双语教师队伍数量和提高质量方面都做出了巨大贡献。《广西壮族自治区壮汉双语教育发展规划（2016—2020 年）》指出：要“选派在职教师进行壮汉双语专业培养培训，切实增加双语教师的数量和提升质量。依托广西壮汉双语教师培训基地和有关院校，分期分类对双语学校教师进行培训，实施壮汉双语学校教师全员培训计划，支持县级培训和校级培训，加强培训工作的针对性和实效性”。可以看出，培训活动将在广西中小学壮汉双语教师队伍建设中发挥更加重要的作用。

综上所述，通过学历教育、百名壮汉双语名师培养工程、在职培训等继续教育的途径，不仅增加了广西中小学壮汉双语教师队伍的数量，而且促进了中小学壮汉双语教师队伍的专业发展。但是，不容忽视的是，由于缺乏引导机制，选择壮语文专业提升学历的教师所占比例较小，教师参加壮语文知识培训不能实现学习的连续性，百名壮汉双语名师培养工程虽然效果较好但缺乏持续性，等等，这些问题的存在，通过继续教育这条途径在广西中小学壮汉双语教师队伍建设中发挥更大、更有效的作用在一定程度上受到了限制。

第六章　加强广西中小学壮汉双语教师队伍建设的意义及策略

第一节　加强广西中小学壮汉双语教师队伍建设的意义

一、加强广西中小学壮汉双语教师队伍建设有助于落实国家及地方相关政策

（一）有助于落实国家对双语教师队伍建设的基本精神

一直以来，国家对少数民族地区教师队伍建设，尤其是双语教师队伍建设高度重视。1951 年，中央人民政府政务院批准了在《关于第一次全国民族教育会议的报告》中提出的《培养少数民族师资试行方案》指出："培养、提高少数民族师资是发展少数民族教育的重要工作之一，有关各级人民政府教育行政部门必须重视。"[①] 2007 年 7 月，第五次全国民族教育工作会议召开，国务院印发了《关于深化改革加快发展民族教育的决定》，指出："要把

---

① 金东海：《少数民族教育政策研究》，56 ~ 57 页，兰州，甘肃教育出版社，2002。

师资队伍建设作为民族教育发展的重点。少数民族和西部地区教师队伍建设要把培养培训'双语'教师作为重点，建设一支合格的'双语型'教师队伍。"① 2015年8月，第六次全国民族教育工作会议召开，国务院发布了《关于加快发展民族教育的决定》（国发［2015］46号）），指出："科学稳妥推行双语教育，建立健全师资队伍、教学资源满足需要的双语教学体系。"因此，加强广西中小学壮汉双语教师队伍建设，建立健全壮汉双语教师队伍的培养、培训机制，有助于落实国家对双语教师队伍建设的基本精神。

（二）有助于执行广西壮族自治区关于中小学壮汉双语教师队伍建设的政策

2016年4月22日，广西壮族自治区人民政府以电视电话会议形式在南宁召开全区民族教育工作会议，会议深入贯彻落实《国务院关于加快发展民族教育的决定》和第六次全国民族教育工作会议精神，印发了《广西壮族自治区人民政府关于加快发展民族教育的实施意见》、《广西壮族自治区壮汉双语教育发展规划（2016—2020年)》等文件。其中，《广西壮族自治区人民政府关于加快发展民族教育的实施意见》（桂政发［2016］18号）指出："按照有关规定，配足民族双语学校双语专业教师，保障开展民族双语教学的师资需要。"《广西壮族自治区壮汉双语教育发展规划（2016—2020年)》指出，要"按照'定向培养、增量补充、在职培训、存量提升'的原则，进一步加强双语教师队伍建设，通过免费培养、定向就业的方式，补充农村小学壮汉双语教师。创新培养模式，选派在职教师进行壮汉双语专业培养培训，切实增加双语教师的数量和提

① 丁文楼：《风雨历程三十年　民族教育谱新篇》，见《双语教学与研究（第七辑）（上)》，7~16页，北京，中央编译出版社，2010。

升质量”①。因此，加强广西中小学壮汉双语教师队伍建设，在职前培养、职后继续教育、在职岗位管理等方面加大监管和督促力度，才能保证这些政策能够执行到位。

二、加强中小学壮汉双语教师队伍建设有助于促进壮汉双语教育的发展

（一）有助于进一步提高广西中小学壮汉双语教育的质量

众所周知，教师是教育事业的第一资源，教育的发展在于教师。高质量的师资队伍是办好壮汉双语教育的关键。1990 年 2 月，自治区人民政府印发的《自治区壮文指导委员会第二次会议纪要》（桂政发［1990］24 号）指出：“建设好一支壮文师资队伍是壮文进校工作的关键。”近年来的实践也不断证明，师资力量相对比较雄厚的壮汉双语学校的升学率、合格率等较高。因此，加强中小学壮汉双语教师队伍建设，不断补足壮汉双语教师的数量，提高现有壮汉双语教师的质量，有助于进一步提高广西中小学壮汉双语教育质量。

（二）有助于更好地发挥广西中小学壮汉双语教育的功能

中小学壮汉双语教育具有工具性的功能，通过壮语文的教学帮助壮族学生过渡到国家通用语言文字的学习，进而借助于国家通用语言文字学习科学文化知识，实现以壮促汉、壮汉兼通的目的。中

---

① 广西壮族自治区教育厅：《广西壮族自治区教育厅等六部门关于印发〈广西壮族自治区壮汉双语教育发展规划（2016—2020 年）〉的通知》，http：//www. gxedu. gov. cn/Item/13000. aspx，2016 - 04 - 30。

小学壮汉双语教育也具有文化功能，通过壮汉双语教育记录、保存壮族优秀文化，并将这些优秀文化一代一代地传承下去。中小学壮汉双语教育还具有壮语文人才培育的功能，通过壮汉双语教育培育、输送一大批热爱并精通壮语文的人才，为广西壮族自治区推行壮文工作储蓄后备人才。而中小学壮汉双语教育的工具功能、文化功能、人才培育功能等的发挥，需要一支高质量的壮汉双语教师队伍作为智力支撑。因此，加强中小学壮汉双语教师队伍建设，有助于更好地发挥广西中小学壮汉双语教育的功能。

三、加强广西中小学壮汉双语教师队伍建设是现实的需求

（一）有助于改善中小学壮汉双语教师队伍数量不足的现状

如前所述，在广西壮汉双语中小学由于受学校整体师资不足导致壮汉双语师资被挪用、部分壮汉双语教师在编不在岗等因素的影响，壮汉双语师资匮乏，使得壮汉双语教学无法正常开展。对于本研究第三章形成的“壮汉双语小学师生比为 1∶17，远高于标准师生比 1∶21”的观点，一些壮汉双语小学的校长则是这样认为的：“这只具有数学统计意义，不能反映出我们实际的师资状况。说起这个，关键的问题在于如果这些教师全部集中在中心小学，那就是真正的高于标准师生比，但实际上我们一个学校有好几个村小或教学点，得派一部分老师去，实际上师资还是很紧张的。”虽然在研究中我们看到初中学校的壮语文并没有贯穿于整个学习阶段开设，但是有些学校仍然存在师资缺乏的现象，如一位民族中学的校长说：“我们学校有两个广西壮文学校毕业的教师，其中一个长期上壮语文课，但是去年因车祸去世了，而另外一个老师由于多年没有

上过这门课，已经很生疏了，他不愿意接手这门课，我们也不能强求，所以从今年开始我们的壮语文课就先停了。”另一位校长说：“我们虽然是壮汉双语学校，但是因为没有壮文老师，到现在都几年过去了，还没开过（壮语文）课。”目前，只有加强广西中小学壮汉双语教师队伍建设，维持壮汉双语教师培养的规模，提高定向培养的履约率，才能有效改善中小学壮汉双语教师队伍数量不足的这种现状。

（二）有助于提高中小学壮汉双语教师队伍的质量

如前所述，中小学壮汉双语教师的专业结构和语言水平不甚理想，中小学壮汉双语教师队伍的质量不容乐观。一方面，从参与问卷调查的346名中小学壮汉双语教师队伍来源构成来看，系统接受过壮语文专业教育的教师，即毕业于少数民族语言、壮汉双语、壮文专业的教师，无论是初始学历还是最高学历，人数均少于其教师总数的30%（初始学历为28%，最高学历为20%）。这意味着在这支壮汉双语教师队伍中，通过短期集中培训、校本培训等途径上岗的教师人数占到其教师总数的70%以上。有校长说：“我们学校没有壮文专业出身的教师，去年暑假派了个年轻教师去广西民大培训壮语文基础知识，学了18天，回来后就上（壮语文）课了，这个质量怎么能保证？只能说我们开（壮语文）课了。”另一方面，这支壮汉双语教师队伍中，完全能听懂标准壮语、能熟练运用标准壮语交谈、能运用壮文熟练阅读、能熟练用壮文写作的教师，占其教师总数的比例依次分别为35%、31%、24%、11%。在访谈中，大多数教师对壮语文课的任教水平很不满意，L老师：“对自己的课很不满意，因为有些内容连自己都不懂，有时候没有时间去研究内容。”G老师：“课文全部是标准壮文，我虽然是壮文专业出身，有些内容自己都看不懂，给学生讲一次两次肯定也看不懂。”Q老师："当地壮话与标准壮文之间有一定差距，我自己的壮话不是很溜，读壮文的时候感觉都是借汉的，读不出壮文的那种气势。"大部分中小学壮汉双语教师壮语文基础薄弱、水平参差不齐，再加上工作任务重，"根本腾不出更多时间自修"。目前，只有加强广西中小学壮汉双语教师队伍建设，提高壮汉双语教师的培养层次，改进培训方式，提高培训的质量，才能从专业知识、教学能力等方面有效提高现有的壮汉双语教师队伍的质量。

第二节　影响中小学壮汉双语教师队伍建设的因素

研究发现，影响广西壮族自治区中小学壮汉双语教师队伍建设的主要因素有壮语文学习环境、壮汉双语教育及其发展、壮汉双语教师职前培养、壮汉双语教师继续教育以及壮汉双语教师队伍的在职管理等。

一、壮语文学习环境的影响

在研究中，中小学壮汉双语教师们认为，壮语文有限的社会功能、壮汉双语环境的变化以及家长对壮文学习的态度让他们时常陷入"不知道我们为何而教"的尴尬境地，这在很大程度上降低了他们的教学自信。教师的教学自信是指教师对自身教学的价值与影响力的信念。研究表明，教师的教学自信对提高教学水平有着显著的影响。[①]

---

① 庞丽娟、洪秀敏：《教师自我效能感：教师自主发展的重要内在动力机制》，载《教师教育研究》，2005（7），43～46页。

（一）壮文有限的社会功能降低了中小学壮汉双语教师的教学自信

1998年，自治区语委组织的全区语言文字使用情况调查过程中，对中小学教学使用语言的意见，其中认为最好用普通话的人数占统计人数的92.9%，认为最好用民族语言的占12.5%。[①] 在调研中，中小学壮汉双语教师们纷纷反映，壮文无论在壮族地区经济建设还是学生升学就业，以及老百姓的日常生活中可发挥作用的社会功能有限，在学校里开设壮语文课不是很受家长和学生的欢迎，甚至有些家长和学生有抵触情绪，学生学习没有兴趣，学习效果也不好，这些极大地影响了教师的教学自信。

一部分教师认为：

> 学习壮文对学生升学、就业等都无用，家长看不到学习壮文的经济价值或者公用价值，当地的老百姓认为壮文在现实生活中用处不大，会增加学生学习的负担，对我们老师们教这门课很有（反对）意见，他们的这种态度有时候让人非常沮丧。既然这样，我们教这个（壮语文课）有什么价值？

一位壮汉双语小学的教师说："划片招生使得一部分学生不能进入到民族初中去，民族初中只能招他所在片区的学生。"另一位壮汉双语小学的教师说："我们这里的民族初中已经撤掉了，学生升学没处去。"

---

① 陈海伦：《广西语言文字使用情况调查报告》，见广西壮族自治区语言文字工作委员会：《广西语言文字使用问题调查与研究》，16～21页，南宁，广西教育出版社，2005。

壮汉双语初中的教师认为：

学生不一定要读民族高中，所以学生觉着学习壮文的意义不是很大，他们也不重视。有些学生担心学习壮文会影响中考科目的学习，因为现在中考科目也很多，而且壮文对他们中考没有一点帮助。

壮汉双语高中的教师认为：

壮文课对学生以后的学习影响不是很大，除非考壮汉双语教师定向培养专业，否则对学生未来的升学就业影响不大，但是这个招生非常有限。

也有教师有这样的感慨：

学武鸣（壮话）的标准音在生活中用不着，山歌用汉字记壮音，然后用壮话唱。壮文的记录也不是很多，除了教学用，生活中都不用，老是觉着增加学生的压力和教师的负担，我们也觉着没什么意思，也提不起信心来。

由于壮文的社会功能有限，学生们不感兴趣，学习效果不好，教师们认为这一点很打击他们的教学自信。一位小学壮汉双语教师说：

学生的兴趣上不来，不想学（壮文）。学了效果也不好，记住的不是很多。但是学生学得不好，只要一讲起来就认为问题全部在老师身上，这种看法很打击我们教学的信心。再怎么努力，老师只是个外因，学生这个内因不起作用，外因有什么用？有时候想起来，积极努力和消极对待最后都落个被指责的下场，还不如不要付出那么多，最后还不觉得冤枉。

一位初中壮汉双语教师说：

我们初中学校一般壮文学习的时间比较少，我们学校一个班每周只安排一节课，这一周教了声母、韵母，到了下一周检查他们读，发现他们全部忘记了，每一周都要反反复复地复习，如果不复习又记不住。这样，搞得学生都有点害怕学习壮文，最重要的是特别打击教师教学的信心。

（二）窄化的壮语文学习环境影响着中小学壮汉双语教师的教学自信

实践证明，广大群众学用壮文对中小学生学好壮文具有极大的促进作用。据记载，1986 年，德保县的龙光、敬德、燕峒、扶平，平果县的海城、同老，武鸣县的仙湖等七个乡、镇基本实现了无壮文盲乡、镇，有一批村基本实现无壮文盲村。结果显示，在开办有小学壮文试点班的乡、村组织学生家长学习壮文，扫除壮文盲，可以使社会上学用壮文与学校使用壮语文授课起到互相促进的作用。[①]

但是，如前所述，20 世纪 80 年代末期，由于经费问题，壮族地区开展壮文扫盲活动被迫中断。90 年代以后，除了壮文进校之

① 广西年鉴编辑部：《广西年鉴》，627 页，南宁，广西年鉴社，1987。

外，广西壮族自治区主要通过开办农民学壮文学科技培训班、壮族歌王歌师学壮文培训班、壮文写作培训班等途径学习壮文，且参与的人数所占比例极小，这样使得学生习得壮语文的环境进一步被窄化。

1998年，自治区语委组织实施的全区语言文字使用情况调查共抽取调查对象13596名，其中壮族占30.3%，调查结果显示：广西壮族自治区各语言中普通话分布最广，最高占到92.5%；调查对象中有91.8%感到普通话有用，有87.5%的人感到普通话很有社会影响，但对母语的评价不怎么高。可见，广西的人民群众对普通话的地位和作用已有相当深的认识。① 此次调查还发现：广西少数民族在外交流比在家中交流更倾向于选择汉语方言和普通话而少用母语，在家中对父母使用母语的倾向最强，对爱人次之，对子女最弱，而使用汉语方言和普通话的倾向则反之。造成这种现象的主要原因在于子女已经更多趋向于接受和使用通行面更广的语言而缩小了母语使用的范围和频度，有些子女甚至已经不熟悉甚至不会说母语，有些少数民族家长出于接受先进文化教育的考虑，在和子女交流时也更多地考虑在语言使用上保持一致，甚至有些家长主张他们的子女直接学习汉语，而不希望他们说本民族语言。②

在调研中，有些教师认为："我们现在面临的情形是：不用担忧小孩不会讲普通话，反倒担忧小孩不会讲壮语。"也有教师认为："现在年轻的妈妈都是讲普通话，有些孩子的父母外出打工，回来讲普通话。他们出去见了世面后，更加要求孩子学英语、学普通

① 陈海伦：《广西语言文字使用情况调查报告》，见广西壮族自治区语言文字工作委员会：《广西语言文字使用问题调查与研究》，16～21页，南宁，广西教育出版社，2005。

② 陈海伦、王里平：《广西多语者语言选用倾向分析》，见广西壮族自治区语言文字工作委员会：《广西语言文字使用问题调查与研究》，40～44页，南宁，广西教育出版社，2005。

话，反对学壮语。”有教师说：“我们的学生全部是留守儿童，在家都是讲本地壮话。但是他们还是认为普通话好处多。”“学生回到家里，家长也不学壮文，也不说壮语，也不懂得教，仅在课堂上学的这点没有多大作用，很快就忘记了。”一些校长认为：“很多家长都不把壮语当作孩子们的母语，孩子们从小学说的是普通话，导致蛮多孩子都不会说壮语，如此一来就会增加了教师教学的难度。这种难度就把一些老师的工作信心降低了。”可以看出，不断窄化的壮语文学习环境也影响着中小学壮汉双语教师的教学自信。

（三）语言获得顺序的改变以及壮文本身的特点也影响着中小学壮汉双语教师的教学自信

随着普通话在学校教育中的普遍使用、广播电视的普及，普通话在广西各地的应用和地位都有了很大的提高，许多孩子的父母的语言观念也发生了改变，尽管在家庭中仍然使用本地语言，但对孩子却使用普通话，在这种情况下，儿童在本族语或本方言家庭中首先获得的第一语言是普通话，进入社会以后才逐渐掌握本地语言，语言获得顺序被人为地颠倒了过来。20 世纪 80 年代以后出生的青少年，相当一部分是以普通话为第一语言，民族语反而成了第二习得语，有的甚至只能听不能说，也不愿意学，在家庭中就以普通话与说方言的亲人交流，出现了普通话单语人群。① 一些壮汉双语教师也认识到现在的壮族学生的语言获得顺序发生了变化，如有教师这样说：

> 我们那时候不懂普通话，学习壮文很有必要，学会了壮语才能学好汉语，先壮后汉。但是现在的学生从小就学

① 林亦：《广西的推普与广西的双语双方言》，见广西壮族自治区语言文字工作委员会：《广西语言文字使用问题调查与研究》，101 页，南宁，广西教育出版社，2005。

会了汉话，在学校都讲普通话，进入学校以后才开始学壮语文，先汉后壮，所以壮文学起来很吃力，连简单的大米是什么都不会用壮语讲。馒头用壮话说了，孩子们都不懂，只有用普通话说了才知道是什么意思。

如前所述，壮文共有22个声母、108个韵母、6个调类，且标准壮语的发音以武鸣区城厢和双桥一带壮话语音为标准音点，与其他各个县（市、区）的壮语方言有一定的差异。所以，壮汉双语教师们认为：

壮族孩子学汉文比学壮文更容易。壮文虽然有规律，但是比较复杂，学起来不容易，最难的是那个调。相对来说，汉语比较容易一些。

也有教师认为：

当地的壮话学生都会讲，但是与标准壮语的差别比较大，音调、词汇、语序都有差别，主要是音调的差别。

各个（壮族）地区的方言不一样，虽然学生大部分是壮族，也会讲壮话（壮语方言），但是学习标准壮语相当于学习了一门新的语言。

一位民族中学老师说：

学生学习壮文有畏难情绪，多数学生认为学壮文声母和韵母的数量太多了，所有少数民族语言里面声母、韵母最多的就是壮族的壮文，学生觉得太难记了，有些韵母的发音又比较难。

语言获得顺序的改变以及壮文本身的特点，使得中小学生对普通话的学习更感兴趣，有些学生甚至对学习壮文很反感，学生对壮语文的学习态度也影响着中小学壮汉双语教师的教学自信。

二、壮汉双语教育及其发展的影响

（一）壮汉双语教育发展的持续性影响着中小学壮汉双语教师队伍的建设

一些校长和教师们都认为，壮汉双语教育发展是否具有可持续性影响着中小学壮汉双语教师队伍的建设。

一位校长说：

> 我们学校是我们县唯一一所壮汉双语学校，过去壮汉双语教育（的发展）一直断断续续的，不连贯，在1990年的时候我们已经开设壮汉双语（课），当时不在中心校，而是在两个村小的完全校。布局结构调整之后，小学高年级全部合并迁走，村小开设壮汉双语已经不能形成气候，就把壮汉双语学校迁到中心校来办。搬到中心校后学校规模较大，有1000多名学生，因为师资问题没能正常开展壮语（教育）。在三年前，由于民教处比较重视壮语（教育），又下去调研什么的，所以我们才得（以）在2012年又开始开办壮语（教育），过去我们是有一些壮文老师，但是由于长时间不上（壮文）课，现在都生疏了，现在面对的最大的问题仍然是缺少师资，又要通过培训等方式慢慢建设（教师队伍）。

另一位校长说：

我们学校从1987年开始上壮文课，一路走过来都是断断续续地上。近两年比较正常，上课进一步常态化，但是每个班每周1节课都没法开齐，主要还是因为师资问题，就是以前的几个（壮文）老师长时间不上课都忘记了（壮文），有两个老师去年暑假培训了两个月，回来之后才可以任教低年级的课。

一位壮汉双语教研员说：

我们县民族中学自从1988年开始壮汉双语教学后，直到2014年一直没有间断过，但是2014年以后由于初中划片招生以后，原来从2所小学招收50名壮文学生来读的政策没有了，就是没有生源了。这两年，壮文老师也就逐渐调出去了。

在关于“中小学壮汉双语教师建设应该走向兼职还是专职?”这个问题上，一些教师认为：

壮汉双语教师最好是专职的，现在都是由其他学科教师来兼（职）上（课），确实有些力不从心，再加上教师们工作任务繁重，如果是兼职上（壮文课）的话，说实话，这个（教学）效果很难保证。

但是，大多数教师都不愿意选择做一名专职的壮汉双语教师，其中一个很重要的原因就在于他们担忧中小学壮汉双语教育发展一旦出现中断的话，对他们的职业发展会造成很大影响。有教师说：

> 如果像过去那样壮汉双语教育的发展一段时间内中断的话，那专职的壮汉双语教师做什么？怎么办？要是像以前各县壮文学校改壮文初中时候那样让大部分壮文教师分流，那就惨了。如果是兼职的话也就无所谓了，反正我的主业是语文、数学或者其他学科，至于壮文上也好不上也好，都不会影响我的什么。

（二）壮汉双语教学模式的选用影响着中小学壮汉双语教师队伍的建设

在调研中，一些校长认为选择何种壮汉双语教学模式也决定着壮汉双语教师队伍建设的难易程度。有校长说：

> 壮汉双语同步教学模式的最大特点在于：壮语文、汉语文两门课程实行同步教学，两门课程的教材内容完全相同，要求壮语文、汉语文任课教师同步，即由同一名教师完成两门课程的教学，对任课教师的要求较高，尤其是对任课教师的壮汉双语双文水平要求较高，选用这个模式能找到合适的教师任教很不容易。而选用壮汉双语二类教学模式就不一样了，只要老师的壮语文水平达到要求就可以任教。所以在教师队伍建设方面，选用壮汉双语二类教学模式的学校教师队伍建设比选择壮汉双语同步教学模式的学校要容易得多。

一些选用壮汉双语同步教学模式的学校的教师认为，壮语文课程的教材是同步翻译普通类1—6年级的《语文》课本，基本没有与壮族文化有关系的课程内容，他们看不到壮汉双语教学的价值。有教师说：

> 像我们学校这样，学生学壮文最终的目的是什么？传承文化？教的都是汉族的文化，通过壮语怎么传承？为什么要通过壮语传承？不是很理解。壮汉双语教育本该以壮促汉，结果现在变成了以汉促壮，总是翻译来翻译去，除了增加负担，好像再没别的。（壮汉双语）二类（教学）模式就不一样了，最起码学生还能学一些壮族的风俗习惯、民间故事等，教起来课堂也比较生动，比较有意思，学生学了还能记住一些东西。

（三）壮汉双语教育的评价方式影响着中小学壮汉双语教师队伍的建设

壮汉双语教育的评价方式也是影响中小学壮汉双语教师队伍建设的重要因素。据一些教师反映，现有的评价制度中壮文课的成绩与教师的业绩没有多大关系。有教师说：

> 学生在毕业时不要求（壮文）考试，六年级有一个（壮语文）水平测试，这个测试是民教处发一份卷子，开卷考试，学生可以参考教科书，交上去之后，也没见反馈，可能只是作为民教处的一种调研方式吧。

也有教师说：

从成绩评定来看，感觉壮汉双语教育不是很受重视，老师们再怎么努力好像也就那样，时间长了积极性就没了。

对于教师们的这种看法，有校长这样解释：

其实，从自治区、教育厅到县上、学校，大家都很重视这项工作，只是有一个致命的问题就是，现在全县学校统考排名不考虑壮文成绩，这样壮汉双语学校的语文、数学统考很吃亏，因为精力有限，所以在临近期末、临近毕业时基本都不上壮文课，统统给语文、数学让路。这样也很容易给老师们一个错觉，认为学校不重视，所以说到底，其实是这个评价制度所造成的。

另一位校长说：

老师们认为他们的主课是语文、数学、英语，这三门课县教育局抓得很紧，每次考试如果低于县平均分 10 分，都要被约谈，如果连续挨两个约谈，县里面都会通报批评，所以他们平时开展壮汉双语课的时候就占用来上语文、数学和英语，壮文开展方面有的老师就会偷懒。

评价具有诊断、导向、反馈、调控等功能，从这个意义上来看，壮汉双语教育评价与学校业绩评价没有关系，教师的业绩与学生的壮语成绩没有关系，这样的评价方式很难调动教师们工作的积极性。

（四）壮汉双语教育教学资源匮乏影响着中小学壮汉双语教师队伍建设

中小学壮汉双语教师普遍认为，缺乏必要的教学辅助工具在一定程度上制约着教师课堂教学水平的提高。大多数老师反映：

> 教了这么多年（壮语文）课程，我们手头上没有一本壮汉双语字（词）典，学校里学的有些都忘记了，想查也没处查，没有工具啊。

有一些教师说：

> 我们手头上没有标准的朗读资料，我们的（壮语标准语）音发得正不正（准确不准确），自己也不知道，没有参照可以对照。”还有一部分教师认为：“我们的教学效率很低，主要原因就是教学资源太少，上课给学生呈现的资料以及呈现的方式都很单一，学生们的兴趣调动不起来，教材编写组最好能提供与教材配套的参考书、课件、卡片、音像材料等各种丰富的教学资源，这样就好一些。

三、壮汉双语教师职前培养的影响

（一）壮语文专业人才培养途径减少，且毕业生不能保证全部进入教师岗位

如前所述，广西壮族自治区自推行壮文以来，中央民族大学、广西民族大学、广西壮文学校举办的壮语文专业为中小学壮汉双语

教师队伍建设做出了巨大贡献。其中，中央民族大学在1952—1995年期间共有壮语文专业本科生181人、大专生518人；到2007年，共培养壮语文专业硕士研究生45人、博士研究生18人。广西民族大学在20世纪50年代开办壮语班，培养壮语文专业大专生136人；截至2017年，中国少数民族（壮）语言文学专业共招生本科生570人、硕士研究生109人、博士研究生6人。广西壮文学校自建校以来，共培养壮文人才18534人，其中在1982—2004年，具有师范教育性质的壮文中专班共招生培养3890人。

但是，近些年来，壮语文专业人才培养规模急剧缩减。2004年以后广西壮文学校壮文中专班停止招生，2007年以后中央民族大学不再单独招收壮语文专业。虽然广西民族大学的中国少数民族（壮）语言文学专业继续招收本科生，但每年招生规模在20人左右，而且，据调查，这些毕业生的就业意愿大多数选择进入国家机关、科研院所等单位工作，不愿意进入中小学任教。一位壮语文专业毕业生这样描述他当年就业时的心情："我是1985年广西民大壮语文专业毕业，当时去巴马民族师范学校实习，毕业后学校民师建议我留校做教师，但当时我是拒绝做老师的，想着无论如何也要进入政府部门工作。后来毕业的时候由于特殊原因当时要求大中专毕业生下乡锻炼，机缘巧合，还是到了乡下的学校教书，但是毕业后就与壮语文专业无缘了。"由于壮语文人才培养规模急剧减少，中小学壮汉双语教师队伍数量的增加愈加困难。

（二）师范类院校毕业生不再有学习壮语文知识的机会

如前所述，在20世纪50年代末期至60年代初期，广西壮族自治区一些师范学校通过"用壮文试教"、"三年级开壮文课（2课时/周）"等方式探索为中小学培养壮汉双语师资。自1983年起，广西壮族自治区要求在南宁民族师范学校、桂林民族师范学校、巴马民族师范学校、百色民族师范学校等4所学校的三、四年级学生统一开设壮语文课，每周3~5个课时，总学时达到200~300个学时，毕业时能够掌握壮文基础知识，学会壮文的教学方法。到20世纪末，这些民族师范学校已经为中小学培养了壮汉兼通的师资数千人。1999年，教育部发出了《关于印发〈关于师范院校布局结构调整的几点意见〉的通知》（教师［1999］1号）要求："从现在到下世纪初，要坚持内涵发展为主，进行师范教育资源的战略重组，积极发展高师教育规模，稳步压缩中师教育规模。"从此拉开了三级师范教育向二级师范教育过渡的序幕，一些中等师范学校停止招生，并采取逐步转型、合并或者重组等方式进行布局调整，从此，中等师范学校、民族中等师范学校推出了培养中小学壮汉双语教师的历史舞台。

据了解，目前除了广西师范学院之外，为中小学培养教师队伍的师范院校的其他学科专业的培养方案均没有设置与壮语文相关的课程，这些师范院校的毕业生因为没有学习壮语文的机会，所以进入壮族地区中小学后无法胜任壮语文课程的教学，相对于20世纪八九十年代，也从客观上造成了中小学壮汉双语教师队伍数量短缺的现状。

（三）小学壮汉双语教师定向培养招生和履约的完成率不尽如人意

根据自治区教育厅、人社厅、财政厅和自治区编办联合下发的《关于实施小学壮汉双语教师定向培养计划的通知》（桂教民教［2013］6号），自2014年开始，自治区教育厅每年根据各县、市壮汉双语小学的实际需求，制定并下达当年小学壮汉双语师资定向培养计划，对高考成绩达到当年自治区高职高专最低录取分数控制线以上的考生，由广西师范学院组织面试，然后综合高考成绩和面试成绩择优录取，经过广西师范学院初等教育学院二年制（三年制）培养，毕业后按照培养协议要求履约上岗。但是，根据这几年的招生和培养来看，招生和履约的完成率不尽如人意。一方面，由于报考的人数较少，每年计划的招生数量难以完成，如 2014 年计划招生 100 人，实际招生 78 人；2015 年计划招生 106 人，实际招生 79 人；2016 年计划招生 172 人，实际招生 166 人；2017 年计划招生 147 人，实际招生 146 人。另一方面，根据已经毕业的两届学生来看，有 40% 的学生由于未能拿到教师资格证而不能按照培养协议履约入编。如某县壮汉双语教研员说："我们去年有 7 个壮汉双语定向生毕业，但是其中 3 个没有拿到教师资格证，至今没有安排工作，对他们的打击也很大，对教师队伍建设也是一个很大的损失。"另一位壮汉双语教研员说："我们县毕业了两个定向壮文学生，但是只有一个拿到了教师资格证，另一个因为没有拿到教师资格证无法就业就去当兵了。"小学壮汉双语教师定向培养履约的完成率不尽如人意，在一定程度上也影响了中小学壮汉双语教师队伍补充数量的进度。

四、壮汉双语教师继续教育的影响

（一）学历教育提升了中小学壮汉双语教师队伍的学历结构，但改善教师的专业结构的作用比较有限

根据研究中对 346 名教师的初始学历结构和最高学历结构的统计对比发现，中小学壮汉双语教师学历教育取得了巨大的成就。在这支教师队伍中，初始学历结构中具有大专及以上学历层次的教师仅占教师总数的 31%，而最高学历结构中具有大专及以上学历层次的教师占到了教师总数的 96%，这意味着通过学历教育，这支教师队伍的学历层次提升达到了 65%。

但是遗憾的是，我们看到通过学历教育，教师的学历层次虽然大幅度提高了，但是专业结构并没有获得改善，甚至是降低了中小学壮汉双语教师队伍的专业对口率。统计发现，346 名教师在初始学历所学专业与中小学《壮语文》课程教学的专业对口率为 28%，但是他们的最高学历所学专业与中小学《壮语文》课程教学的专业对口率仅为 20%，不但没有通过学历教育的机会改善专业结构，反而通过学历教育教师的专业对口率降低了 8 个百分点。

（二）长期且系统的培训促进了壮汉双语教师的专业发展，但缺乏持续性

广西中小学壮汉双语教师队伍长期培训的活动主要是开展了“广西百名壮汉双语名师培养工程”，在 2013—2016 年长达三年的时间里，该项工程通过壮汉双语教研教改培训、信息技术课堂应用培训、壮汉双语教师基本素养培训等集中培训，提升壮汉双语教师的教育教学能力，并组织跟岗研修、参加教研会议、开展个性化指导，促进壮汉双语教师专业成长，成效显著。《广西壮族自治区人民政府关于加快发展民族教育的实施意见》（桂政发［2016］18 号）指出，要继续“实施‘百名双语教师名师工程’和‘在职双语教师培养计划’，培养一支‘留得住、教得好’的壮汉双语教师队伍”。但是截至目前，“广西百名壮汉双语名师培养工程”只举办了一次，并没有持续开展。

（三）短期培训机会较多，但培训效果不甚理想

广西中小学壮汉双语教师队伍短期培训主要有面向全区壮汉双语教师组织的全员培训、骨干教师培训、学科教师培训以及专门针对壮语文知识的基础培训班、初级培训班、中级培训班和高级培训班等。

短期培训由于由于时间较短，再加上评价机制等方面还不够完善，所以导致效果不甚理想。在调研中，各个学校均有个别老师参加过壮语文知识培训，但老师们反映：“因为学时短，不可能通过一期培训就熟练掌握标准壮文，我们学习壮文还是以自学为主，虽然参加过短期培训，但也是拼读基本能过关，词语、句子、翻译等都比较困难。”一位长期从事壮汉双语教学的老教师认为：“（教师们只会拼读）这样的程度并不足以能够开展壮文教学。”某县壮汉双语教研员说：“我们有 3 所新增壮汉双语小学，今年暑假派了老师去广西民族大学参加壮语文知识培训，结束后我分别进行了电话回访，但是效果不是很理想，目前还不能上岗，还要再次经过培训才可以开课。”

对于短期培训效果不理想，除了培训时间短之外，有校长认为：

> 一是短期培训没有任务驱动，二是没有严格的考核要求。短期培训一般是上完课就行了，而有考核要求的话就完全不一样了，比如，广西民大的壮文专业函授本科，老师们去参加是为了拿到本科文凭，而拿到文凭的一个必要条件就是壮语文水平测试要达到中级以上水平，所以每个人必须要用心、要刻苦去努力，一般来讲，总共花一个月、两个月的时间就可以掌握的，用心学的人一般都会考到中级水平。但是短期培训没有那么严格，很多人没有压力，都觉得是占用了一个名额去放松放松，不认真学习，甚至有人玩手机、睡觉，个个都说难学，都说学不好。

五、壮汉双语教师队伍管理的影响

（一）相关的教师队伍管理政策没有得到落实，中小学壮汉双语教师队伍的质量难以保证

2015 年 8 月颁发的《国务院关于加快发展民族教育的决定》（国发［2015］46 号）指出：要“研究完善双语教师任职资格评价标准，建立双语教育督导评估和质量监测机制”。但是截至目前，自治区相关管理部门尚未制定出中小学壮汉双语教师任职标准及认定办法，所以导致壮汉双语教师队伍的壮语文水平参差不齐。《广西壮族自治区人民政府关于加快发展民族教育的实施意见》（桂政发［2016］18 号）指出：“民族双语教学工作量必须全额计入绩效考评工作。”但是仍然有壮汉双语教师反映：“我们的工作好像一点都不值钱，汉语文绩效工作量教育局都有文件，九年级是 1.3 分/节课，七、八年级是 1.2 分/节课，但是壮文就没有这个规定，也没有下文，那学校给我们的是 0.75 分/节课，是学校里面最低的分数，跟 1.3 分/节课相比，差得实在太远。这样的话，壮汉双语教师的工作质量也会大打折扣。”由于国家及地方颁布的关于壮汉双语教师队伍管理政策没有得到落实，导致中小学壮汉双语教师队伍及其工作的质量难以保证。

（二）专门的壮汉双语教师管理机制缺失，影响中小学壮汉双语教师队伍的稳定性

师资匮乏是制约广西中小学壮汉双语教育发展的瓶颈。但是我们看到，一些学校仍然将壮汉双语教师派出到普通类学校去参与支教、轮岗交流等活动，一些壮汉双语教师仍然能够根据自己的意愿调离壮汉双语教学岗位或者“被调离”，一部分中小学壮汉双语教

师仍然能够想方设法做到“在编不在岗”。这一切的怪象都源于壮汉双语中小学与普通类学校实行一体化的教师队伍管理，并没有形成专门的中小学壮汉双语教师队伍管理体制。正如某壮汉双语教研员所说的：

> 感觉教师队伍管理与推进壮汉双语教学并不是一条线，教师调动是由中心学校做出方案，由乡政府讨论通过，然后再报批，等我们发现壮汉双语教师被调走后，及时汇报，努力争取，都不起什么作用。壮汉双语教师本来就少，如果壮汉双语教师有单独的管理体系的话，也不至于这么混乱。

（三）缺乏待遇保障机制，影响中小学壮汉双语教师队伍的积极性

提供待遇保障，在一定程度上能更好地调动中小学壮汉双语教师队伍的工作积极性。但是目前，广西壮族自治区在中小学壮汉双语教师队伍建设方面的待遇保障比较缺乏。据记载，1986 年，根据少数民族地区师资队伍现状，为鼓励更多的师范院校毕业生和其他大中专院校毕业生到少数民族地区任教，广西壮族自治区规定：凡分配到 48 个山区县（自治县、边境县）或其他县的山区少数民族乡任教的大中专院校（含师范院校）毕业生取消见习期，可以直接转正；每月每人发给技术津贴 10 ~ 15 元，书报费 10 ~ 15 元，并浮动一级工资，连续在少数民族地区坚持任教八年以上者可将浮动一级工资转为固定工资；在计划生育上，可以放宽政策，允许生第

二胎；家属是农业人口的可转为非农业人口。[①] 但是，据教师们反映：

这些政策执行了一段时间就没有继续了，现在壮汉双语教师与学校其他教师一样，没有什么特殊的待遇，既没有经济上的补贴，在职称评审方面也没有什么特别的照顾。

有校长说：

任双语课的老师得不到来自上级及学校的物质上的鼓励，现在的经费管理都很严格，上面没有政策，也没有设立专门的经费，谁也不能给这些教师发补贴。老师们既无经济补贴，在评职称、升职、评优等方面都得不到加分，老师们的意见很大。但我们学校能做的就是在精神上鼓励，但效果不好。

另一位校长说：

现在能调动壮汉双语教师积极性的最好办法就是：让任教壮语课老师能获得一些经济补贴，在评职称、评优、升职方面能得到照顾。多举行一些高层次的比赛、竞赛活动，让老师们多一些获得荣誉的机会。

有教师说：

① 广西年鉴编辑部：《广西年鉴》，606 页，南宁，广西年鉴社，1987。

> 因为我懂（壮文）就让我上（壮语文课），不懂（壮文）的就不用上（壮语文课），懂得（壮文）的教师比不懂得（壮文）的教师辛苦很多，但没有什么体现，那我为什么要上呢？

有教师说：

> 我们老师辛辛苦苦拿到壮语等级水平证书，但是评职称的时候也用不上。

壮汉双语教研员说：

> 老师们常常向我反映，搞壮汉双语教育是非常辛苦的，我们学生需要鼓励，老师也需要鼓励，每年需要对双语教学的老师给一些待遇。

综上所述，由于受壮语文学习环境、壮汉双语教育、职前培养、继续教育、在职管理等因素的影响，自治区中小学壮汉双语教师队伍在数量补充和质量提高两个方面都遇到了一定的困难。

第三节　加强中小学壮汉双语教师队伍建设的策略

一、做好顶层设计，赋予壮语言文字在壮族地区应有的社会地位和价值

语言文字具有政治、经济、文化、教育、交际、心理等多重社

会功能[①]，这些社会功能能否得到充分发挥，直接决定着民众的语言文字选择行为。壮文是壮族统一合法的文字，如今之所以被大多数壮族群众弃用，其中一个最主要的原因就是壮文在壮族群众生活中没有获得应有的社会地位，没有体现出它的价值。因此，需要广西壮族自治区各级人民政府追根溯源、统筹考虑，做好顶层设计，在壮族地区赋予壮语言文字应有的社会地位和价值。

只有壮语言文字在壮族地区具有了一定的社会地位和学用的价值，中小学壮汉双语教师队伍所从事的壮汉双语教育事业才会被家长和学生所认可，这样，才能建立起他们的教学自信，才能充分调动他们的工作积极性，以保证中小学壮汉双语教育教学的质量。

（一）通过结构安排加强壮文的经济功能，使其重新获得壮族民众的认可及广泛应用

理性选择理论认为，个人是自身最大利益的追求者，在特定情境中有不同的行为策略可供个人选择，理性行动者趋向于采取最优策略从而力求以最小代价取得最大收益。[②] 从这个意义上讲，当壮语言文字的部分功能无法充分满足壮族民众的需要，尤其是投入的时间、精力等成本与收益不能成正比时，他们便会选择学习、使用更具有经济价值和发展前途的国家通用语言文字。这样，可以增加人力资本存量，提高就业能力，获得较高预期收益。[③]

究其原因，由于现有条件下能使壮文在壮族社会中产生经济收益的社会结构缺失，导致了壮文的经济功能缺失，进而导致壮族民众降低甚至是放弃壮文的学习和使用。正如一位壮语文研究专家所

---

① 哈经雄、滕星：《民族教育学通论》，122 页，北京，教育科学出版社，2001。

② 侯钧生：《西方社会学教程》，425～426 页，天津，南开大学出版社，2010。

③ 黄少安：《交易成本节约与民族语言多样化需求的矛盾及其化解》，载《天津社会科学》，2015（1），132～135 页。

说的：

> 国家规定各民族都有使用自己民族语言文字的权利，中央的政策是好的，但是地方给的支持力度不够，营造的氛围不够好。壮文使用以后我们的壮族小孩能得到什么好处，有什么保障啊？这个问题得解决。汉族的学生学的是汉语，中考、高考考的是汉语，那我们壮族学了自己本民族语言之后，考试考不考啊？依目前的形势看，高考如果用壮文写作文，肯定不得分，但是用甲骨文、文言文写可能还能得满分，但是在广西出台相关规定之前哪个壮族小孩敢用壮文写高考作文？所以当地政府考虑政策问题的时候，如何赋予壮文应有的价值，如高考用壮文答卷能不能得分，评职称能不能用壮文代替英语，评职称考英语考几年都不得过，那如果零起点学壮文很快就可以得证书。

结构决定功能，任何一种功能都是由一种特定的结构来实现的，要想发挥某种功能必须要有相应的结构。所以，建议政府部门能够做出可以发挥壮文经济功能的结构安排，如将壮语文水平考试纳入升学深造、就业求职、职称评定、评优评先等的考核项目，使壮语文水平考试通过者具有与普通话测试、外国语考试通过者类似的待遇等。通过类似的结构安排，增强壮文的社会功能，以重新获得壮族民众的认可及广泛应用。

（二）通过积极引导使壮文推行与壮族文化传承相结合，提高壮文的生命力

从理论上讲，语言与文化是一对相生相伴的复合体，语言既是文化的载体，又是文化的重要组成部分。任何一个民族都需要通过

语言文字来记录、表达和传递本民族包括文学艺术、宗教信仰、道德规范和生产经验等在内的文化知识，而且只有用本民族的语言文字才能更好地保存、传承本民族独特的文化，才能更地道地体现出本民族的文化内涵。壮族有着悠久的发展历史，也有包括壮族文学、音乐、舞蹈、戏剧、工艺美术、体育等在内丰富灿烂的文化文明。如前所述，只有用壮文来记录、整理壮族文化，才能如实反映作品原貌，而且这样的作品更受壮族群众喜爱。

但从实际情况来看，广西壮族自治区的壮文推行更侧重于壮语文知识的习得，壮文还没有完全成为壮族文化的载体，也没能成为壮族文化的重要内容，从某种程度上也导致了壮文的生命力岌岌可危。因此，建议政府部门能够积极引导，使壮文推行与壮族文化传承相结合，例如，今后在编译出版壮文图书资料方面，除了壮文工具书、壮语文教材之外，要加强能够记录、传递壮族文化的壮文读物的编写和发行，让用壮文记录、传承壮族文化成为政府的统一行动以及壮族成员的自觉行为；在中小学壮汉双语教学中将壮族文化融合在壮语文知识的学习活动中，学生既能学习和使用壮文又能习得壮族文化，等等。这样，壮文与壮族文化就变成一对相伴相生的复合体，壮文才能保持持久旺盛的生命力。

二、推进制度建设，提高中小学壮汉双语教师队伍质量

（一）设立中小学壮汉双语教师资格证制度，严格执行教师准入制度

目前，我们国家对各级各类教师队伍的准入均实行教师资格证制度。教师资格证制度是国家对教师实行的一种特定的职业许可制度，教师资格是国家对专门对从事教育教学工作人员最基本的要求，它规定了从事教师工作所必须具备的条件。在调研中，我们发

现广西中小学壮汉双语教师队伍入职时的条件之一是取得中小学教师资格证，但是取得教师资格证与普通类教师的要求一致，并没有在壮汉双语双文化方面提出特别的要求。对此，有专家指出：

> 学壮文专业的学生只要求普通话达到二级乙等以上的这个标准，而不提出对壮语文水平的要求，他们毕业时主要是去当壮文老师，忽视壮语文水平这个主要因素，那怎么还能叫壮汉双语教师呢？一点儿也不科学，这本来是就是政策制定时考虑不到位。

国外双语教育的实践证明，严格的教师准入制度是提高双语教育质量的关键。例如，美国双语教师的准入制度主要体现在双语教师资格的获取有严格的要求和严密的选拔程序。双语教师资格证书有临时性和永久性两种，临时双语教师资格证书只有 6 年的有效期；[①] 加拿大魁北克省在招聘双语教师时，对沉浸式法语教师语言能力进行职前测评，测评项目包括片断听写、阅读能力、简答以及角色扮演等。[②] 近年来，国家非常重视并致力于建设合格的双语教师队伍。如 2007 年 7 月，国务院印发的《关于深化改革加快发展民族教育的决定》指出："少数民族和西部地区教师队伍建设要把培养培训'双语'教师作为重点，建设一支合格的'双语型'教师队伍。"2011 年，教育部民族教育司提出的工作要点之一就是："提出双语教师合格评价的基本要求。"2015 年 8 月，国务院印发的《国务院关于加快发展民族教育的决定》（国发［2015］46 号）

---

① 王莉颖：《国外双语教师在职培训模式探析——美国、加拿大、芬兰案例》，载《教育发展研究》，2005（11），78 ~ 81 页。

② 卢蓬军：《加拿大魁北克沉浸式双语教育研究》，35 页，重庆，西南大学，2007。

指出："科学稳妥推行双语教育，研究完善双语教师任职资格评价标准，建立双语教育督导评估和质量监测机制"，"严格教师准入，招聘合格教师"。因此，建议设立中小学壮汉双语教师资格制度，研究制定壮汉双语教师任职标准，在教师准入方面对壮汉双语教师胜任教学岗位提出相应要求，严把入口关，保证中小学壮汉双语教师队伍的质量。

（二）建立中小学壮汉双语教师队伍专职化岗位管理制度，保证教师队伍的稳定性

《广西壮族自治区中小学教职工编制标准实施办法（修订）》（桂编发［2012］5号）规定"开设民族语文课程的教学班，每班可增加0.3名教师编制"，虽然从政策上保障了有足够数量的中小学壮汉双语教师承担壮汉双语教育教学工作，但是从实际情况来看，由于各个中小学并没有设置专门的壮汉双语教学岗位，不仅壮汉双语教师数量无法保证，而且造成了壮汉双语教师队伍稳定性差。再加上中小学壮汉双语教师任教课种多、工作量大、评价机制等因素的影响，大多数中小学壮汉双语教师认为自己只是壮语文的兼职教师，所以，从客观、主观两个方面都会对壮语文的教学有所懈怠。因此，为了建立一支与壮汉双语教育需求相匹配的、数量充足的教师队伍并确保其稳定性，建议建立中小学壮汉双语教师队伍专职化岗位管理制度，按照每所学校壮汉双语教育工作量所需核定壮汉双语教师编制，单独设置中小学壮汉双语教师岗位，并确定壮汉双语教师岗位职责，择优聘任，严格管理，禁止中小学壮汉双语教师以任何形式向普通类学校流动，禁止其他部门以任何理由借调、借用，以确保壮汉双语中小学的教学任务安排、中小学壮汉双语教师精力投入等方面能够专注于壮汉双语教育的教学与研究，提高壮汉双语教育质量。

三、拓宽渠道，科学培养，提高小学壮汉双语教师定向培养的履约率

（一）拓宽中小学壮汉双语教师职前培养渠道，保证壮汉双语教育发展的师资需求

目前，中小学壮汉双语教师队伍职前培养主要有两条途径：一是广西民族大学文学院培养的壮语文专业人才，二是广西师范学院初等教育学院培养小学教育（壮汉双语）专业人才。如前所述，前者招生规模小且不能保证毕业生全部进入教育系统就业，后者虽是定向培养但履约率较低。但是，当前不得不面对的一个基本事实是：广西中小学壮汉双语教育发展规模呈逐年增长之势，客观上造成了中小学壮汉双语教师队伍数量的刚性需求也在不断增加。因此，建议拓宽中小学壮汉双语教师职前培养的渠道，例如，充分利用广西壮文学校的办学基础和师资力量，与中央民族大学、广西民族大学等民族高等院校联合招生培养壮语文专业人才；在广西壮族自治区内的其他几所高等师范院校开设壮语文课程并保证一定的教学时数，等等，以保证广西中小学壮汉双语教育发展的师资需求。

（二）制定壮汉双语专业教师教育标准，科学培养中小学壮汉双语教师

目前，中小学壮汉双语教师职前培养的目标和毕业生的实际规格不匹配。例如，广西师范学院初等教育学院小学教育专业（壮汉双语方向）的培养目标是："了解国家和我区少数民族教育的政策法规，熟悉壮族传统文化；了解壮汉双语教育教学的现状与发展趋势，掌握壮汉双语教育教学的基本规律，为今后担任壮汉双语教师的专业成长打下坚实的基础。"但是在培养过程中，为了确保毕业

生能达到定向培养协议中关于履约约定的条款要求，教师和学生将时间和精力主要集中在努力获取小学教师资格证书上，在培养方案的课程设置方面也主要以教师资格证考试所需要的教师教育理论课程、小学汉语文课程等课程类型为主，壮语文专业课程所占比例较小。这样使得所培养的毕业生的规格与培养目标有一定的差距。所以，建议研究制定壮汉双语专业教师教育标准，围绕标准设置课程，开展教学活动，科学培养壮汉双语教师。

（三）继续完善招生就业政策，提高小学壮汉双语教师定向培养的履约率

如前所述，自治区教育厅每年启动小学壮汉双语教师定向培养工作，首先由各有关县（市、区）教育局根据本地壮汉双语小学的实际需求，向自治区教育厅民教处报送当年小学壮汉双语师资定向培养计划。这意味着定向培养的小学壮汉双语师资只有100%全部进入当地的壮汉双语小学，才能确保这些学校正常开展壮汉双语教育教学活动。但是，由于小学教育专业（壮汉双语方向）学制短、学生起点低，一部分学生拿不到小学教师资格证，导致定向培养的小学壮汉双语师资的履约率仅在60%左右。针对这种情况，2016年自治区教育厅、人力资源和社会保障厅、财政厅、编委办公室联合下发《关于调整小学壮汉双语定向培养计划的通知》（桂教民教［2016］9号），将学制由原来的2年调整为3年，并补充了有关就业的政策规定："定向生毕业时仅取得专科毕业证书而未能同时取得小学教师资格证书的，鼓励报考本县（市、区）农村义务教育阶段学校教师特设岗位计划，按招聘程序录为特岗教师的，工作后3年内若取得小学教师资格证书可转为正式教师。"虽然在就业政策上做了一些调整，但未拿到小学教师资格证的毕业生认为提高了就业难度，所以选择的意愿不是很强烈。

对于一部分小学教育专业（壮汉双语方向）毕业生未能拿到小学教师资格证的情况，了解情况的业内人士认为：

> 相比之下，小学教育专业（壮汉双语方向）招生起点低，跟本科生肯定没法达到同一个要求。但是，这些学生有60%的人在毕业时能拿到小学教师资格证，已经很厉害了。前些年师范处办的全科教师师范班，也是大专类，教师资格证的通过率才达到25%。所以还是要具体情况具体对待。

因此，建议相关部门从招生或者就业环节继续完善政策，提高小学壮汉双语教师定向培养的履约率，力争定向培养的毕业生能100%进入小学壮汉双语教师队伍。从招生环节入手，就是要参照国外双语教育政策，提高招生门槛。譬如，在美国申请双语教师职位的人员，一律必须具备大学本科以上的学历，早在20世纪90年代末期，美国在职的双语教师中已有41%是硕士研究生毕业，还有28%正在攻读硕士研究生课程。[①] 在就业环节，应该考虑现有学生低起点的实际情况以及壮语文教学的实际要求，开设绿色通道，开展壮语文水平测试，让现有的毕业生凡是能达到壮语文水平要求的全部进入定向培养的当地小学任教。

四、按需培训，加强培训过程管理，提高培训实效

（一）开展中小学壮汉双语教师培训需求调研，制定培训方案

目前，现有在岗的中小学壮汉双语教师队伍的壮语文水平参差

① 彭伟强：《美国浸入式教学实践及其启示》，载《比较教育研究》，2001（8），40～44页。

不齐，部分教师没有完全掌握壮语文基础知识，部分教师缺乏壮语文教学知识，等等，要改善这种师资现状，只有开展中小学壮汉双语教师队伍的培训需求调研，根据教师们的培训需求制定具体的培训方案，分类实施培训，切实提高中小学壮汉双语教师队伍的专业水平。

（二）组织系统化、专题化培训，促进中小学壮汉双语教师专业发展

近年来，广西壮族自治区各级教育行政部门组织开展了一系列的壮汉双语教师培训活动，但是有一些培训活动由于缺乏连续性和系统性设计，培训效果不甚理想。据一些教师反映：

> 自治区教育厅组织的壮语文专业知识培训是分类分层次进行的，如果教师能参加完所有层次的培训，拿到壮语文水平等级证书，胜任中小学壮语文教学是没有问题的。但是由于没有专门的组织和引导，很少有教师能持续参加完这个培训，甚至是壮语文零基础的教师也大多数就只参加一次培训，就不再来了。这样，有些教师虽然也参加过培训，但是由于时间短，起点低，培训效果不好，他们甚至上不了课。

如前所述，广西百名壮汉双语名师工程的实践也证明，系统化的培训更为有效。因此，建议设计并组织系统化、专题化的培训活动，促进中小学壮汉双语教师队伍专业发展。

（三）强化培训过程管理和结业考核，提高培训实效

据了解，一些短期培训忽视了培训过程中的出勤情况、学习投

入、学习收获等方面的监管，没有引起参加培训的中小学壮汉双语教师的足够重视，导致培训流于形式。因此，建议要加强培训过程管理，每次培训都要有严格的考勤与管理，结业时要通过严格的考核检测培训效果，并将检测结果与年终绩效的考核挂钩，切实保证中小学壮汉双语教师队伍的培训质量。

五、加强机制建设，促进中小学壮汉双语教师队伍建设

（一）形成壮汉双语教师学历教育的引导机制，提高壮语文任课教师的专业对口率

中小学壮汉双语教师队伍初始学历的专业结构与壮语文课程教学内容不对称是一个不争的事实，但是学历教育是改善中小学壮汉双语教师队伍调整专业结构的契机，建议教育行政部门尽快形成学历教育的引导机制，通过机制引导中小学壮汉双语教师借助于学历教育的机会改善专业结构，提高中小学壮语文课程任课教师的专业对口率。

（二）改善中小学壮汉双语教育的评价机制，调动教师的积极性

评价具有诊断、导向、激励等作用，要想调动中小学壮汉双语教师队伍的积极性，必须要改善现有的中小学壮汉双语教育评价机制。首先，要改变壮汉双语中小学校的评价方式，除了语文、数学统考成绩之外，将学生的壮语文水平测试成绩作为衡量一所壮汉双语学校办学质量的一个重要指标，营造良性的中小学壮汉双语教育的办学环境。其次，将学生的壮语文成绩与教师的业绩考核直接挂钩，通过评价方式调动壮汉双语教师工作的积极性。

六、提供支持和保障，加强中小学壮汉双语教师队伍建设

（一）加强教学条件建设，为中小学壮汉双语教师队伍建设提供支持

提供相应的条件支持，是建设中小学壮汉双语教师重要保障。针对目前壮汉双语教育教学资源匮乏等现实情况，要加强教学条件建设，给中小学壮汉双语教师提供壮汉双语词典等必备的工具书，以及与教材配套的参考书、课件、卡片、音像材料等教学材料，为他们提高教学质量提供保障。

（二）加快课题研究进度，为中小学壮汉双语教师队伍建设提供智力支持

目前，对于中小学壮汉双语教师队伍建设中出现的问题，需要通过专项研究来提出相应的对策。令人欣喜的是，我们看到在2013年以后，广西壮族自治区教育科学规划办公室所列民族教育专项课题中围绕中小学壮汉双语教师队伍建设的主题有激励机制、专业成长、教学能力培养、培训模式、专业发展平台、定向培养等8项。加快这些课题的研究进度，运用课题研究成果为中小学壮汉双语教师队伍建设提供智力支持。

（三）提供待遇保障，提高中小学壮汉双语教师的积极性

《广西壮族自治区中小学教职工编制标准实施办法（修订）》（桂编发［2012］5号）规定："制定实施民族双语教师生活补助政策，改善民族双语教师福利待遇。将壮汉双语教师的壮语文教学工

作量计入绩效工作考评内容，将绩效考核结果与职务职称晋升、绩效工资、评优奖励挂钩，在同等条件下给予优先照顾。”建议尽快落实中小学壮汉双语教师待遇政策，通过设立中小学壮汉双语教师专项津贴、生活补助等，以及职称评定、评优选先时有一些倾斜政策，为中小学壮汉双语教师队伍建设提供待遇保障，提高教师的积极性。

参考文献

［1］广西大百科全书编纂委员会．广西大百科全书·民族．北京：中国大百科全书出版社，2008.

［2］广西壮族自治区地方志编纂委员会．广西通志·教育志．南宁：广西人民出版社，1995.

［3］广西壮族自治区地方志编纂委员会．广西通志·民族志．南宁：广西人民出版社，2009.

［4］广西壮族自治区地方志编纂委员会．广西通志·少数民族语言志．南宁：广西人民出版社，2000.

［5］广西壮族自治区地方志编纂委员会．广西通志（1979—2005 年）·社会卷．北京：方志出版社，2016.

［6］广西壮族自治区少数民族语言文字工作委员会．广西民族语文工作法律法规政策参考．南宁：广西民族出版社，2011.

［7］罗黎明主编．壮文工作五十年．北京：中国民族摄影艺术出版社，2007.

［8］广西社科院．广西民族地区发展报告．南宁：广西人民出版社，2015.

［9］广西年鉴编辑部．广西年鉴．南宁：广西年鉴社，1985.

［10］广西年鉴编辑部．广西年鉴．南宁：广西年鉴社，1986.

［11］广西年鉴编辑部．广西年鉴．南宁：广西年鉴社，1987.

［12］广西年鉴编辑部．广西年鉴．南宁：广西年鉴社，1988.

［13］广西年鉴编辑部．广西年鉴．南宁：广西年鉴社，1989.
［14］广西年鉴编辑部．广西年鉴．南宁：广西年鉴社，1990.
［15］广西年鉴编辑部．广西年鉴．南宁：广西年鉴社，1991.
［16］广西年鉴编辑部．广西年鉴．南宁：广西年鉴社，1992.
［17］广西壮族自治区人民政府．广西年鉴．南宁：广西年鉴社，1993.
［18］广西壮族自治区人民政府．广西年鉴．南宁：广西年鉴社，1994.
［19］广西壮族自治区人民政府．广西年鉴．南宁：广西年鉴社，1995.
［20］广西壮族自治区人民政府．广西年鉴．南宁：广西年鉴社，1996.
［21］广西壮族自治区人民政府．广西年鉴．南宁：广西年鉴社，1997.
［22］广西壮族自治区人民政府．广西年鉴．南宁：广西年鉴社，1998.
［23］广西壮族自治区人民政府．广西年鉴．南宁：广西年鉴社，1999.
［24］广西壮族自治区人民政府．广西年鉴．南宁：广西年鉴社，2000.
［25］广西壮族自治区人民政府．广西年鉴．南宁：广西年鉴社，2001.
［26］广西壮族自治区人民政府．广西年鉴．南宁：广西年鉴社，2002.
［27］广西壮族自治区人民政府．广西年鉴．南宁：广西年鉴社，2003.
［28］广西壮族自治区人民政府．广西年鉴．南宁：广西年鉴

社，2004.

［29］广西壮族自治区人民政府．广西年鉴．南宁：广西年鉴社，2005.

［30］广西壮族自治区人民政府．广西年鉴．南宁：广西年鉴社，2006.

［31］广西壮族自治区人民政府．广西年鉴．南宁：广西年鉴社，2007.

［32］广西壮族自治区人民政府．广西年鉴．南宁：广西年鉴社，2008.

［33］广西壮族自治区人民政府．广西年鉴．南宁：广西年鉴社，2009.

［34］广西壮族自治区人民政府．广西年鉴．南宁：广西年鉴社，2010.

［35］广西壮族自治区人民政府．广西年鉴．南宁：广西年鉴社，2011.

［36］广西壮族自治区人民政府．广西年鉴．南宁：广西年鉴社，2012.

［37］广西壮族自治区人民政府．广西年鉴．南宁：广西年鉴社，2013.

［38］广西壮族自治区人民政府．广西年鉴．南宁：广西年鉴社，2014.

［39］广西壮族自治区人民政府．广西年鉴．南宁：广西年鉴社，2015.

［40］广西壮族自治区人民政府．广西年鉴．南宁：广西年鉴社，2016.

［41］黄勇刹．壮族歌谣概论．南宁：广西民族出版社，1983.

［42］黄现璠，黄增庆等．壮族通史．南宁：广西民族出版

社，1988.

[43] 韦编贤，马汉彦．广西南宁民族师范学校校志．广西南宁民族师范学校编印，1992.

[44] 张声震．壮族通史（上、中、下）．北京：民族出版社，1994.

[45] 李富强．人类学视野中的壮族传统文化．南宁：广西人民出版社，1999.

[46] 蒙荫昭，梁全进．广西教育史．南宁：广西人民出版社，1999.

[47] 哈经雄，滕星．民族教育学通论．北京：教育科学出版社，2001.

[48] 方素梅．近代壮族社会研究．南宁：广西民族出版社，2002.

[49] 教育部师范教育司编．教师专业化的理论与实践．北京：人民教育出版社，2003.

[50]《壮族简史》编写组．壮族简史．北京：民族出版社，2008.

[51] 侯钧生．西方社会学教程．天津：南开大学出版社，2010.

[52] 韦兰明．壮汉双语教育发展论．南宁：广西民族出版社，2014.

[53] 滕星主编．教育人类学通论．北京：商务印书馆，2017.

[54] 陈海伦．广西语言文字使用情况调查报告．广西壮族自治区语言文字工作委员会．广西语言文字使用问题调查与研究．南宁：广西教育出版社，2005.

[55] 陈海伦，王里平．广西多语者语言选用倾向分析．广西壮族自治区语言文字工作委员会．广西语言文字使用问题调查与研究．南宁：广西教育出版社，2005.

[56] 林亦．广西的推普与广西的双语双方言．广西壮族自治

区语言文字工作委员会．广西语言文字使用问题调查与研究．南宁：广西教育出版社，2005.

［57］丁文楼．风雨历程三十年　民族教育谱新篇．双语教学与研究（第七辑）（上）．北京：中央编译出版社，2010.

［58］梁华新．僮文的创制和推行．中国民族，1958（5）．

［59］韦光化．谈谈推行壮文的重要性和必要性．广西民族学院学报（哲学社会科学版），1983（5）．

［60］覃耀庭．近年来广西推行使用壮文的情况及亟待解决的问题．中南民族学院学报，1985（3）．

［61］唐国富．壮文的实用问题．广西大学学报（哲学社会科学版），1986（2）．

［62］韦以强．关于壮语文使用和发展的几个问题．中央民族学院学报，1988（2）．

［63］韦以强，李从式．壮文小说的创作情势．民族文学研究，1988（10）．

［64］覃耀庭．新的历史时期壮文工作中的几个问题．民族语文，1989（4）．

［65］彭伟强．美国侵入式教学实践及其启示．比较教育研究，2001（8）．

［66］庞丽娟，洪秀敏．教师自我效能感：教师自主发展的重要内在动力机制．教师教育研究，2005（7）．

［67］王莉颖．国外双语教师在职培训模式探析——美国、加拿大、芬兰案例．教育发展研究，2005（11）．

［68］冯茁，曲铁华．从 PCK 到 PCKg：教师专业发展的新转向．外国教育研究，2006（12）．

［69］卢蓬军．加拿大魁北克沉浸式双语教育研究．重庆：西南大学，2007.

［70］张喜萍，韩清林．中小学教师知识结构的理论研究与优化．教育实践与研究，2008（2）．

［71］韩曙花，刘永兵．西方教师知识与教师专业发展研究述评．外国教育研究，2011（11）．

［72］韦兰明．广西壮汉双语教育创新与实践．中国民族教育，2014（5）．

［73］黄少安．交易成本节约与民族语言多样化需求的矛盾及其化解．天津社会科学，2015（1）．

［74］广西壮文学校．光辉五十年——广西壮文学校发展历程．内部资料，2006.

后　记

2016年5月，广西师范学院召开了教育学学科博士点建设会议，会议要求每个成员围绕博士点建设的学科方向选定研究主题并报送研究计划。根据近年来关注的民汉双语教师队伍建设的研究方向，结合广西壮族自治区民汉双语教育的实际情况，我选定了广西中小学壮汉双语教师队伍建设作为研究主题。同年6月，我开始查阅与壮文推行、壮汉双语教育工作有关的文献，开展中小学壮汉双语教师队伍现状调查、分析整理资料、撰写文本等一系列工作，先后历经一年多的时间，拙作即将付梓，心中如释重负。由于个人水平有限，加之时间仓促，错漏或不妥之处在所难免，敬请各位领导、专家和同行批评指正。

在广西已经度过三年美好时光，但是壮文推行、壮汉双语教育等对我而言仍是一个陌生的领域，研究过程中充满了各种困难和挑战。幸运的是，在开展研究的过程中得到了许多专家学者及同事同仁的帮助。在调研期间，广西壮族自治区民语委黄如猛处长、莫滨处长，广西自治区教育厅民族教育处韦兰明处长，广西《三月三》杂志社覃祥周总编，广西民族教育发展中心零兴宁译审、覃其文助理研究员，中央民族大学李锦芳教授、海路副教授，广西民族大学文学院蒙元耀教授、继续教育学院余高副院长和周唯老师，广西师范学院梁春莲副教授、谢明明老师，广西壮文学校黄祖兴副校长、滕明新教授等许多专家学者不厌其烦地为我解惑答疑，在这里一并致谢！

感谢我的爱人王晓军先生在研究期间的鼓励与支持！

感谢民族出版社的虞农主任和向阳老师！同时也感谢为该书出版付出努力的其他工作人员！

虎技能

2018 年 4 月于南宁

图书在版编目(CIP)数据

广西中小学壮汉双语教师队伍建设研究/虎技能著.—北京:民族出版社,2018.5

ISBN 978-7-105-15384-8

Ⅰ.①广… Ⅱ.①虎… Ⅲ.①壮族—中小学—少数民族教育—双语教学—师资培养—研究—广西 Ⅳ.①G625.1

中国版本图书馆CIP数据核字(2018)第109427号

策划编辑:向 阳
责任编辑:向 阳
封面设计:海龙视觉
出版发行:民族出版社
地 址:北京市和平里北街14号
邮 编:100013
网 址:http://www.mzpub.com
印 刷:北京中石油彩色印刷有限责任公司
经 销:各地新华书店
版 次:2018年5月第1版 2018年5月北京第1次印刷
开 本:880毫米×1230毫米 1/32 字数:250千字
印 张:7.75
定 价:20.00元
ISBN 978-7-105-15384-8/G·2112(汉1011)

汉文编辑一室电话:010-64271909 发行部电话:010-64224782